Zwiebeln

Rosemary Moon

Zwiebeln

Rezepte aus aller Welt

Bassermann

Dieses Buch ist für Tony, der Zwiebeln liebt, und für Pat,
für all die Tränen, insbesondere die gelachten.

ISBN 3-8094-1341-0

© 2002 by Bassermann Verlag, einem Unternehmen
der Verlagsgruppe Random House GmbH, 81673 München

© der englischen Originalausgabe 2000 by Quintet Publishing Limited
Originaltitel: onions onions onions

Fotos: Seaspring Photos (S. 8, 19, 20, 21); ET Archive (S. 10, 11, 12); Life File (S. 5, 14)
Übersetzung: Berliner Buchwerkstatt, Vera Olbricht
Redaktion: Berliner Buchwerkstatt, Ivana Jokl
Gestaltung: Berliner Buchwerkstatt, Claudia Maas

817 2635 4453 6271

Inhalt

Danksagung

Ich möchte all den Menschen meinen Dank aussprechen, die an diesem Buch mitgearbeitet haben. Mein Ehemann ist ein begeisterter Anhänger meiner Rezepte, was ihn gegebenenfalls auch Zwiebeln zum Frühstück essen lässt – der Hering-Zwiebel-Salat wurde genüsslich um 7.30 Uhr verzehrt! Dagegen war Toby Moon, unser heiß geliebter Shetland-Hirtenhund, von dem Buchprojekt nicht so angetan (ihm würde ein Käsekochbuch höchstes Entzücken bereiten). Doch der Heringsrogen in dem bereits erwähnten Heringssalat ließ auch sein Herz höher schlagen, da Fischrogen die Leibspeise von Shetlandhunden ist.

Häufig werden Kochbücher nach den Fotografien beurteilt, und die Aufnahmen in diesem Buch lassen einem wirklich das Wasser im Munde zusammenlaufen. Deshalb meinen ganz besonderen Dank an Tim Ferguson-Hill, den Fotografen, und an Emma Patmore, die Hauswirtschafterin und Foodstylistin. Vielen Dank an Euch beide für die vielen Stunden bis spät in die Nacht, die ihr an diesem Projekt gearbeitet habt. Das Ergebnis kann sich mehr als sehen lassen.

Dank auch an meine Freunde von West Deans Garden in der Nähe von Chichester in Sussex. Sarah Wain erläuterte in ihrer geduldigen Melbourner Art alle denkbaren gartenbautechnischen Aspekte und Stuart, der »Zwiebelchampion«, gab vielleicht sogar den einen oder anderen Tipp für preisgekrönte Zwiebeln preis. Vielen Dank für die gemeinsam genussvoll verbrachte Zeit.

Wir haben einen wunderbaren Freundeskreis, der sich nur allzu gern durch unsere Testessen für neue Rezepte hindurchfuttert, freundlich das Zubereitete kommentiert und gelegentlich auch einen Kochkniff vorschlägt. Zu denjenigen, die sich tapfer durch dieses Buchprojekt gegessen haben, gehören Mum und Dad Noble, die an etwas reichhaltigeren Gerichten Geschmack und diesen vorzüglich fanden; Jimbo und Sarah aus West Dean; Sue aus unserer Straße; James und Sarah sowie Dawn und Martin von gegenüber, die noch neu im Dorf sind und Testessen für eine ausgezeichnete Idee halten. Dank an euch alle, die ihr euch an unserem Esstisch versammelt habt.

Rosemary Moon.

Über die Zwiebel

Viele Silberstücke wurden zum Kauf der Zwiebeln aufgewandt,
die die Arbeiter beim Bau der Pyramiden in Ägypten nährten.
Womöglich gäbe es ohne Zwiebeln statt sieben
nur sechs Weltwunder. Mehr über die Geschichte der aroma-
tischen Knolle und ihrer Artenvielfalt, die den heimischen
Köchen zur Verfügung steht, in diesem Kapitel.

Schnittlauch mit seinen lilafarbenen,
zum Bersten prallen Blütenköpfen ergibt
eine dekorative Randbepflanzung, die auch
einen Blumengarten apart schmückt.

Einleitung

Die Zwiebel ist eine der ältesten Gewürzpflanzen und in fast allen Küchen der Welt zu Hause. Kaum ein Gemüsekorb, in dem sich keine Zwiebel befindet, denn sie ist ein wesentlicher Bestandteil vieler unterschiedlicher Rezepte.

Zwiebeln sind essbare Alliums oder Liliengewächse. Mehrere Sorten sind bekannt, doch nur wenige werden für kulinarische Zwecke verwendet, denn einige der mehr dekorativen Arten schmecken bitter und obgleich nicht giftig, sind sie einfach nicht genießbar. Mit dem Aufkommen natürlicher Heilmittel wurde die Zwiebel aufgrund ihrer medizinischen Eigenschaften als Heilpflanze auch in unseren Tagen wieder populär. Darüber hinaus sind Alliums sehr aparte Gartenpflanzen, die mit ihren Blütenköpfen oder Luftzwiebeln auch in einem Blumenbeet einen bezaubernden Anblick bieten. Lässt man einige Stiele stehen und die Zwiebeln aussäen, kann man sich im nächsten Jahr wieder an den lilafarbenen Blüten erfreuen.

Dieses Buch erkundet die Vielfalt der Zwiebel. Als ich das Buch zu schreiben begann, hatte ich ein allgemein gehaltenes Kochbuch im Sinn. Das Ausprobieren von Rezepten zeigte mir jedoch erstaunlich rasch, wie einfach es ist, die Zwiebel

ins Zentrum des kulinarischen Geschehens zur rücken, also zum Star auf der Tafel zu machen. Dabei geht es keineswegs um die Menge, sondern um ein langsames Dünsten, das der Zwiebel ihre delikate Süße entlockt – ein Geschmack, der bei schnellem Anbraten der Zwiebeln als Grundlage für andere Zutaten nie zur Entfaltung kommt.

Roh, in Ringe geschnitten, gehackt, geschmort, eingelegt, gebraten oder gebacken – wie auch immer Zwiebeln zubereitet werden, sie sind ein Hochgenuss und ein Muss nicht nur für eine äußerst abwechslungsreiche internationale Küche, sondern auch für eine gesunde und schmackhafte Kost.

Und die gelegentlich vergossenen Tränen? Letztlich ein geringer Preis. Probieren und Genießen lautet das Motto.

Der strenge Geruch, den wilder Knoblauch verströmt, kündigt die Pflanze an,
bevor sie mit ihren filigranen weißen Blüten zum Vorschein tritt.

Bei den Ägyptern stand die Zwiebel hoch im Kurs, da sie mit Gold und Silber aufgewogen wurde.

Die Geschichte *der Zwiebel*

Seit Menschen das Land kultivieren, werden auch Zwiebeln und ihre verwandten Gewächse angebaut. Zwiebeln waren ein wesentliches Nahrungsmittel der Sklaven, die die Pyramiden in Ägypten erbauten. Eine Inschrift auf einer 2500 v. Chr. erbauten Pyramide besagt, dass Zwiebeln, Knoblauch und Rettich für die Arbeiter mit Silber bezahlt wurden. Dies war ziemlich teuer und dennoch notwendig, um die Arbeitskräfte gesund und außerdem bei guter Laune zu halten. Zwiebeln sind auch auf Wandgemälden ägyptischer und antiker Grabmäler zu sehen. Einige der Farben, die für diese Malereien benutzt wurden, waren sogar aus Zwiebelschalen hergestellt; auch verschiedene Kleiderfarben wurden bis vor nicht allzu langer Zeit aus Zwiebeln gewonnen.

Die Bibel enthält viele Hinweise auf die Zwiebel. In einem der ältesten beklagen die Israeliten nach ihrer Flucht aus Ägypten ihre magere Kost und erinnern sich an den Fisch, den sie einst mit Gurken und Zwiebeln genossen. Fast 2000 Jahre später, zu Zeiten des Römischen Reiches, vermerkten die Geschichtsschreiber, dass zur Versorgung der Stadtbevölkerung in großem Maße auch Zwiebeln in den Gemüsegärten angebaut wurden. Zu dieser Zeit, etwa im ersten Jahrhundert n. Chr., wurden Zwiebeln in der ganzen damals bekannten Welt – im Römischen Reich und in Asien – angepflanzt, doch in Amerika und Australien waren sie selbst in wilder Form unbekannt.

Ob die Römer die Zwiebel im Zuge ihrer Eroberungen in Europa verbreitet haben, ist ungewiss; gewiss ist jedoch, dass sie einen Großteil ihrer Nahrungsmittel in die eroberten Gebiete mitnahmen. So kann es durchaus sein, dass sie in Gebieten, in denen die Zwiebel bereits gut bekannt war, den Knoblauch einführten.

Auch Nahrungsmittel durchleben Zeiten unterschiedlicher Beliebtheit; so auch der Knoblauch-Schnittlauch, ein Schnittlauch mit mildem knoblauchartigem Aroma. Knoblauch-Schnittlauch ist seit etwa 500 v. Chr. in China bekannt und wurde dort dem Lammopfer beigegeben. Von China aus eroberte das Zwiebelgewächs rasch Japan, wo es sich ebenfalls großer Beliebtheit erfreute. Es dauerte jedoch viele Jahre, bis es in den Westen kam.

Obwohl viele Arten der Zwiebel auch in freier Natur vorkommen – z.B. der Knoblauch, der sich vermutlich nach dem Anbau durch Mönche selbst weiter vermehrte, da er in der Nähe von alten christlichen Klöstern wächst, und der Lauch, der kürzlich vor allem in Irland wild wachsend gefunden wurde –, gibt es die Zwiebel heute nur noch als Kulturpflanze. Ebenso wie der Weizen und andere wichtige Kulturpflanzen soll die Zwiebel aus Zentralasien stammen und mit den frühen Eroberern und Siedlern in die gemäßigten und subtropischen Zonen gelangt sein. Viele Pflanzen wurden so verbreitet, doch wurde eine Art, die in einer Gegend prächtig gedieh, nicht zwangsläufig auch in einem anderen Gebiet heimisch.

Die Zwiebel in der *Neuen Welt*

Die Zwiebel gelangte wohl Ende des 15. Jahrhunderts mit Christopher Kolumbus nach Amerika. Es wird berichtet, dass der Name Chicago die Abwandlung eines Begriffs der Ureinwohner ist, der verrottende und übelriechende Zwiebeln bezeichnet. Chicago war und ist tatsächlich eines der Hauptanbaugebiete für Zwiebeln.

Die ersten englischen Siedler brachten die Zwiebel 1787 nach Australien. Da sie die Pflanze als Grundnahrungsmittel ansahen, führten sie Samen und Steckzwiebeln mit sich. Ende des 18. Jahrhunderts war dieses vielseitige Gemüse weltweit bekannt. Für jede Gegend galt es die richtige Züchtung hervorzubringen, da die Regionen, in denen die Zwiebel angebaut wurde, klimatisch sehr unterschiedlich waren.

Kaiser Nero. Die Zwiebel war eines der wichtigsten Gemüse für die römische Stadtbevölkerung und wurde daher ausgiebig in den Gemüsegärten angebaut.

Zwiebeln waren ein wesentlicher Bestandteil der römischen Bankette, wie auch auf diesem Fußbodenmosaik aus dem 2. Jahrhundert n. Chr. zu sehen ist.

Die Familie *der Zwiebel*

Der **Knoblauch** wurde zur Kultpflanze und wird durch seine zu intensive Nutzung überstrapaziert. Er sollte eher als dezente Würze denn als kräftiger Geschmacksgeber verwendet werden. Zu viel des Guten wirkt mehr als unerfreulich, aber ein Hauch verleiht einem Gericht ein interessantes Aroma. Reiben Sie eine Salatschüssel oder eine getoastete Scheibe Brot leicht mit der Schnittfläche einer Knoblauchzehe ein – das Aroma wird Sie begeistern!

Der **Röhrige Affodil** und der **Bärlauch** können leicht verwechselt werden. Der Affodil wird rasch heimisch und breitet sich zügig aus. Zu seinen bevorzugten Standorten gehören bewaldete feuchte, halbschattige Plätze, etwa an Bächen und Flussläufen. Bärlauch ist der geläufige Name für den in Nordeuropa heimischen wilden Knoblauch. Der Röhrige Affodil und der Bärlauch bevorzugen die gleichen Standorte und tragen beide weiße Blüten. Am Stiel jedoch können auch botanische Laien die Pflanzen unterscheiden.

Zur **Winterzwiebel** gehören mehrere Arten, darunter die scharf schmeckende **Speisezwiebel** ohne Laub, die mild schmeckende **Gemüsezwiebel** ohne Laub und die sehr jung geerntete **Frühlingszwiebel** mit Laub. Die Frühlingszwiebel wird auch als Lauch-, Bund- oder Schalottenzwiebel angeboten. Die Bezeichnung lässt fälschlicherweise darauf schließen, dass die Zwiebel nur im Frühjahr geerntet wird; tatsächlich ist sie das ganze Jahr über erhältlich. Winterzwiebeln eignen sich hervorragend als Salatzwiebeln und werden meist roh verwendet, sind manchmal jedoch auch leicht gedünstet in pfannengerührten Gerichten zu finden. Die Winterzwiebel stammt wohl aus China, von wo aus sie über Russland nach Mittel- und Nordeuropa gelangte.

Die Zwiebel zählt zur Familie der Liliengewächse, der auch der Knoblauch, der Lauch und der Schnittlauch angehören. Dieses Buch handelt in erster Linie von der Zwiebel und ihrer vielseitigen Verwendung in der Küche, dennoch nachfolgend ein kurzer Exkurs über deren Verwandten.

Der **Schnittlauch** ist ein Muss in jedem Kräutergarten, wo er in Büscheln wächst. Mit seinen aparten Blüten ergibt er auch eine dekorative Einfassung für ein Blumenbeet oder für Rabatten. Nur die Blätter und Blüten – nicht die Knolle – werden verzehrt. Die leicht nach Zwiebel schmeckenden Blätter schneiden Sie am besten mit der Schere ab. Wird der Schnittlauch sich selbst überlassen, sät er sich von allein aus, und Sie können sich im nächsten Jahr an weiteren lilafarbenen, sehr schmackhaften Blüten erfreuen. Der Schnittlauch ist das am weitesten verbreitete essbare Alliumgewächs, da er ausdauernd unter fast allen klimatischen Bedingungen wächst. Der **Knoblauch-Schnittlauch** wird trotz seines kräftigeren Aromas wie der gewöhnliche Schnittlauch verwendet. Seit dem Altertum aus China bekannt, wo die Pflanze herstammt, verleiht der Knoblauch-Schnittlauch Salaten einen ganz speziellen Geschmack. Mit seinen Blättern, die weitaus höher als die des herkömmlichen Schnittlauchs wachsen, und den schneeweißen Blütenköpfen macht er sich als schmucke Einfassung von Beeten sehr gut.

Der **Lauch** ist bei Gärtnern und Köchen gleichermaßen beliebt. Ebenso vielseitig wie die Zwiebel überdauert der wenig kälteempfindliche Lauch einen gemäßigten Winter und überragt mit seinen langen, geradezu architektonisch angeordnet anmutenden Blättern die meisten Kräuter- und Gemüsepflanzen. Je nach Erntezeit wird zwischen Sommer-, Herbst- und Winterlauch unterschieden. Schon im Altertum wurde der vermutlich aus Vorderasien stammende Lauch in seiner Urform als Ackerknoblauch kultiviert. Als Kulturpflanze ebenso lange wie die Zwiebel bekannt, wurde er in Europa von den Römern verbreitet, die diesem Gemüse sehr gewogen waren. Kaiser Nero, so wird berichtet, verzehrte Lauch, um seine Singstimme zu verfeinern.

Die **Schalotte**, auch Eschlauch oder Kartoffelzwiebel genannt, wird von Hobbygärtnern weitaus seltener als die Zwiebel angebaut, obgleich sich selbst in kleinen Beeten gute Erträge erzielen lassen. Auch diese Zwiebelart gehört zu unseren Kulturpflanzen und lässt sich im Winter gut lagern.

Lauch

Schalotten

milde Zwiebeln

Perlzwiebeln

Yellow Sweet spanish

weiße Zwiebeln

rote Zwiebeln

Oso

herkömmliche Zwiebeln

Schalotten werden von Köchen sehr geschätzt, da die kleinen Knollen viel Aroma enthalten und sich deshalb zur Herstellung von Saucen und Pasteten hervorragend eignen. Sie sind im Garten als Randeinfassung sehr nützlich, da ihr Geruch Kaninchen fernhält. Schalotten sind rot oder goldfarben in runder oder länglicher Form erhältlich.

Die **gelbe Zwiebel** ist die bekannteste und am häufigsten verwendete. Sie ist sozusagen der Generalist unter den Zwiebeln und wird nur selten gemäß ihrem Sortennamen angeboten, da in jeder Saison die beste – heimische oder importierte – gelbe Zwiebel im Handel ist. Zu den besonders milden gelben Zwiebeln gehört die **Yellow Sweet spanish**, eine große, äußerst wohlschmeckende Zwiebel. Sie kann, am besten in dünne Ringe geschnitten, auch roh verzehrt werden und ist entweder gelb oder weiß gefärbt. Die **Perl- oder Silberzwiebel** hat einen Durchmesser von 2,5 cm. Sie besitzt eine papierene Außenhaut und wird meist ganz verwendet. Die **rote Zwiebel** stammt aus Italien und wird meist roh gegessen. Arten wie **Vidalia**, **Oso** und **Walla Walla** besitzen ein starkes, aber mildes Aroma, sind tatsächlich süß und verleihen Pasteten und Kuchen einen außergewöhnlichen Geschmack; doch auch gebraten und in Salaten verarbeitet sind sie köstlich. Fast alle süßen Zwiebeln sind weiß, die amerikanische Sorte Walla Walla mit dem süßesten Aroma ist gelb.

Zwiebelsprossen werden nur selten im Handel angeboten. Zwiebelsamen aus Naturkostläden, die nicht mit Fungiziden behandelt wurden, können wie Bohnensprossen in einem Keimgerät zum Keimen gebracht werden. Die Samen keimen auch auf einem mit Löchern durchsetzten Plastiktablett, das mit mehreren Lagen Geschirrtüchern belegt ist. Durchtränken Sie die Tücher zweimal täglich mit frischem kaltem Wasser und stellen Sie das Tablett an einen warmen, dunklen Ort. Beginnen die Samen zu keimen, stellen Sie das Tablett auf eine Fensterbank, bis die Sprossen etwa 2,5 cm lang sind. Sie können für Salate, zum Garnieren oder als Brotbelag auf Frischkäse verwendet werden.

Die **Ägyptische Zwiebel** wird eher als dekorative Garten- denn als Gewürzpflanze gezogen. Das Besondere an ihr ist, dass sowohl an der Wurzel wie auch an den Enden der etwa 60 cm hohen Stiele Zwiebeln wachsen. Sollten Sie nur einen Hauch Würze benötigen, verwenden Sie die kleinen Zwiebeln vom Stielende, damit die in der Erde liegenden größer werden.

Zwiebeln auf dem Gemüsemarkt in La Lavandou an der Côte d'Azur in Frankreich.

Cordoba ist eines der kulinarischen Zentren Spaniens. Spanische Zwiebeln sind meist lang und haben ein ausgezeichnetes mildes Aroma.

Die Zwiebel *im Überblick*

Die Zwiebel wird weltweit angebaut und ist als Gewürzgemüse unentbehrlich, ohne das eine Landesküche nicht vorstellbar ist.

Ob gehackt oder in Ringe geschnitten und dann als Grundlage von Schmorgerichten, Eintöpfen oder Saucen gegart oder roh einem Salat beigefügt, als Garnierung genutzt oder in Essig eingelegt – die Zwiebeln sind als Zutat aus keiner Küche, vom schottischen Haggis über die italienische Pizza bis hin zu den Currygerichten Indiens, wegzudenken.

Nur wenige Länder bauen ausreichend Zwiebeln für den eigenen Bedarf an, sodass diese auch eingeführt werden. Gemüsezwiebeln, spanische Zwiebeln und rote Zwiebeln werden ebenso wie Schalotten und Frühlingszwiebeln in den meisten Ländern fast das ganz Jahr über angeboten. Süße Zwiebeln, die maßgeblich in den USA angebaut werden, sind meist nur in den Wintermonaten erhältlich, und für Perlzwiebeln gibt es ebenfalls eine Saison.

Zwiebeln können als Hauptzutat verwendet werden, als knusprige Garnierung ein Gericht abrunden oder einem eher faden Essen die notwendige Würze verleihen. Viele schottische und irische Gerichte, die auf Hafer basieren, profitieren von der Zugabe von Zwiebeln, wie auch die Hafermehlsuppe; manche Füllung wäre ohne Zwiebeln nicht mehr als eine langweilig schmeckende Masse und Suppen mit Kartoffeln und geräuchertem Fisch wären fade und eintönig ohne das geschätzte Zwiebelaroma, das sie zu einem kulinarischen Genuss erhebt.

Die französische Küche gilt als eine der besten der Welt. Deren Eintopf- und Schmorgerichte erhalten ihr sattes Aroma durch langsames Dünsten der Zwiebeln in Olivenöl. Die *Pissaladiera* (s. Seite 128), ein der Pizza ähnliches Gericht mit Zwiebeln, Thymian, Oliven und Anchovis auf einem Teigboden, gilt als eines der geschmackvollsten und köstlichsten Zwiebelgerichte. Die *Französische Zwiebelsuppe* (s. Seite 36) besticht mit ihrem reichen, durchdringenden Aroma, das die Lebensgeister wieder erweckt – das macht sie bei Nachtschwärmern in den frühen Morgenstunden so beliebt.

Die leicht süßlichen und dennoch scharfen Ringe der roten Zwiebel verleihen dem beliebten griechischen Salat mit Käse, Oliven und Olivenöl erst den für ihn typischen Geschmack. Kann ein Tomatensalat ohne Zwiebeln bestehen, ob mediterraner oder indischer Natur, ob mit Poppadoms oder einem reichhaltigen Curry serviert? Die Beschäftigung mit indischen Saucen eröffnet eine neue Dimension des

Zwiebeln und anderes lokale Gemüse
vor einem Dorfladen in Spanien.

Zwiebelkochens. Zwiebeln dienen als Grundlage der dicken pürierten Saucen, bei deren Zubereitung den Zwiebeln die für das Garen notwendige Flüssigkeit entzogen wird. Currypasten und ähnliche Mischungen werden in allen landestypischen Küchen verwendet, die dicke Saucen mit scharfen Gewürzen zubereiten. Knoblauch und Ingwer werden häufig mit den Zwiebeln vermischt und die Mischung dann mit den Gewürzen gebraten. Diese Saucen können mit Nüssen, meist Mandeln oder Macadamianüsse, verdickt und für eine knusprige Einlage mit Mohnsamen versetzt werden. Garniert mit Frühlingszwiebeln erhält das Ganze einen richtig knackigen Biss.

Frühlingszwiebeln sind auch in der chinesischen Küche weit verbreitet. Große Zwiebelstücke werden oft mit Paprika, Auberginen und Chinakohlblättern zu den klassischen vegetarischen Gerichten verarbeitet. Die chinesische Küche ohne Zwiebeln – ein Widerspruch an sich, da die Gewürzpflanze vielen traditionellen Gerichten den nötigen Biss und das kraftvolle Aroma verleiht.

Nordamerika und Australien sind Schmelzpunkte vieler nationaler und regionaler Küchen unterschiedlicher Kulturen. Dabei basiert sowohl das Aroma der modernen wie das der tradierten Kochkunst auf dem Geschmack der Zwie-

bel. Salsas, Chili- und Zwiebelpasteten, Marmeladen und gerösteten Zwiebeln in Hamburgern tragen zum kulinarischen Geschehen ebenso bei wie die in Amerika geschätzten süßen Zwiebeln und die Gewürze des Südens.

Sowohl die Zwiebeln wie auch die Schalotten werden als Hauptzutat für kulinarische Genüsse überall auf der Welt geschätzt. Aufgrund ihrer Inhaltsstoffe sind sie ein gesunder Bestandteil des Speiseplans. In frischem Zustand enthalten sie eine hohe Konzentration von Vitamin A und C sowie der B-Vitamine Niacin, Riboflavin und Thiamin. Dazu gesellen sich Proteine, Mineralsalze, zahlreiche Spurenelemente, Schwefel und Kohlenhydrate, wie Glucose, Fructose und Sucrose. Zu 90 Prozent aus Wasser bestehend, sind Zwiebeln kalorienarm, außer sie werden in Öl gebraten. Bereits im Altertum wurden der Zwiebel viele außergewöhnliche medizinische Eigenschaften zugeschrieben. Vom Haarausfall bis zur Blindheit, von der Verstopfung bis zum Bluthochdruck, von der Verbesserung der Blutzirkulation bis zur sexuellen Luststeigerung – mit der Zwiebel glaubte man bei fast allem helfen zu können. Gegen Haarausfall sollte eine Mischung aus Zwiebelsaft und Honig zweimal am Tag in die Kopfhaut eingerieben und gegen Pickel Zwiebelsaft mit Essig auf die entsprechenden Stellen aufgetragen werden.

Zwiebeln galten schon immer als natürliches Heilmittel gegen Erkältungskrankheiten – in früheren Zeiten sollten Zwiebelringe in den Schuhen des Erkrankten bereits die Symptome lindern. Zweifelsohne hilft die Zwiebel gegen Verstopfung, doch würden wir es heute wohl ablehnen, den Saft durch die Nase zu ziehen, um einen klaren Kopf zu bekommen. Auch gegen Bronchialkrankheiten ist die Zwiebel ein hilfreiches Mittel.

Ebenso wie die anderen Alliumgewächse wirken Zwiebeln sowohl antiseptisch wie auch antibiotisch. Wissenschaftliche Studien belegen, wie in einem 1993 im *British Journal of Clinical Research* erschienenen Artikel nachgewiesen, dass Knoblauch Arterienverkalkung entgegenwirkt.

Bei Insektenstichen helfen frische Zwiebelscheiben, mit denen die Stelle eingerieben wird; der Saft der Zwiebel lindert das Brennen.

Zwiebel*tränen*

Die Ursache von Zwiebeltränen liegt keineswegs im Dunkeln. Zwiebeln enthalten eine wasserlösliche schwefelhaltige Aminosäure namens Alliin, auch Vorbote »der Tränen« genannt. Alliin ist in unterschiedlicher Konzentration in Zwiebeln enthalten, denn manche Sorten lassen die Augen leichter tränen als andere. Beim Schneiden der Zwiebelknolle wird das darin vorliegende Alliin mithilfe des Enzyms Alliinase in Allicin umgewandelt, das wiederum mit Wasser – also der Feuchtigkeit der beim Schneiden über die Zwiebel geneigten Augen – eine Schwefelverbindung bildet. Diese Schwefelverbindung lässt die Augen brennen und die Tränen fließen.

Wird eine Zwiebelknolle so durchgeschnitten, dass die Wurzel intakt bleibt, fließen beim Schneiden oder Hacken der Zwiebel kaum Tränen.

Tränenloses Zwiebelschälen

Kleine Perlzwiebeln und Schalotten sind zeitintensiv in der Vorbereitung und können viel Unbehagen verursachen. Wenn Sie die Wurzel abschneiden, die die Zwiebelhaut hält, setzen Sie den Saft der Zwiebel und somit auch Ihre Tränen frei.

Am besten übergießen Sie die kleinen Zwiebeln zuerst mit heißem Wasser und lassen sie etwa 5 Minuten darin liegen. Die Haut lässt sich dann leichter von der Knolle abziehen. Ich schneide zuerst den oberen Teil der Zwiebel ab und schäle dann die äußere papierene Haut bis zur Wurzel ab. Eine intakte Wurzel ist beim Schälen oder Hacken der Zwiebel eine enorme Erleichterung.

Viele Studien belegen, dass das Kühlen der Zwiebeln vor dem Schneiden beim Zerkleinern der Knollen weniger Tränen fließen lässt. Wickeln Sie die Zwiebeln gut in Frischhaltefolie ein, damit ihr Geruch nicht auf andere Lebensmittel im Kühlschrank übergeht.

Zwiebeln unter fließend kaltem Wasser zu schälen, ist eine weitere Möglichkeit, Tränen zu vermeiden, da so das wasserlösliche Alliin abgewaschen wird.

Der schwierigste Teil der Arbeit ist geschafft – die geschälten Schalotten sind für das Kochen oder das Einlegen in Essig bereit.

Zwiebeln *anpflanzen*

Es ist eher unwahrscheinlich, dass die ersten aus England nach Australien verschifften Zwiebelsamen dort wunschgemäß aufgingen, da Zwiebelvarietäten sorgfältig an einen neuen Standort angepasst werden müssen. Die Varietäten, die in Nordamerika, Europa und Asien wachsen, bilden ihre Zwiebeln nur während langer Sommertage aus (Langtagssorten), wohingegen in Australien Kurztagssorten und in südlicheren Gefilden tagneutrale Sorten angebaut werden. Zwiebeln lieben die Sonne und wachsen am besten bei Temperaturen zwischen 20 °C und 25 °C. Bei Kälte und bei übermäßiger Hitze bleibt die Zwiebelbildung aus.

Zwiebeln *im Garten*

Küchenzwiebeln sind entweder länglich, flach oder rund geformt. Die flachen Sorten reifen schneller und können daher besser gelagert werden. Wollen Sie ganzjährig Zwiebeln anbauen, sollten Sie die Sorten entsprechend mischen. Lassen Sie sich bei der Auswahl an scharf-würzigen Speise- und milden Gemüsezwiebeln für Ihren Garten am besten von einem Gärtner oder in einem Gartencenter beraten.

Küchenzwiebeln und Schalotten unterscheiden sich – abgesehen von der Größe – maßgeblich darin, dass erstere eine Knolle und letztere ein ganzes Büschel von Zwiebeln ausbilden. Darüber hinaus werden Schalotten meist als Steckzwiebeln angebaut, Küchenzwiebeln dagegen werden gleichermaßen gesät und als Steckzwiebeln angepflanzt. Steckzwiebeln haben den Vorteil, dass sie schneller reifen als aus Samen gezogene Zwiebeln, ein in Mittel- und Nordeuropa nicht unwesentlicher Aspekt. Sie sind auch weniger häufig Opfer der Zwiebelfliege, einem schwierig zu bekämpfenden Schädling.

Zwiebeln gedeihen in jedem guten Gartenboden mit reichlich Humus. Der Platz sollte sonnig sein; bei gelockertem Boden und ausreichend großem Reihenabstand können sich die Zwiebeln gut entwickeln. Steckzwiebeln kann man selber als Pflanzzwiebeln aus Samen heranziehen. Da sie gut erhältlich sind, lohnt sich das jedoch kaum.

Herkömmliche Zwiebeln werden als Steckzwiebeln ab März/April in Reihen gesetzt und als Saatzwiebeln ab Frühjahr im Frühbeet ausgesät oder – für die Überwinterung – im August direkt im Garten. Schalotten werden im August ausgesät, dann vereinzelt und im März geerntet. Im Freien

überwinternde Schalotten eventuell abdecken. Die Sorten *Evergreen Bunching* und *Toga* besitzen dunkelrote Zwiebeln.

Gutes Gedeihen

Besonders große Zwiebeln zu ziehen, ist eines der Hauptziele einiger Hobbygärtner, obgleich Köche nicht unbedingt an solch großen Knollen interessiert sind. Die meisten Gärtner sind jedoch mit einer Ernte gut gewachsener Zwiebeln zufrieden, die sie einbringen können, bevor das Wetter umschlägt.

Zwiebeln gedeihen in allen guten bis mittelschweren Humusböden. Auf dem Platz sollte kein Unkraut sein, da die jungen Zwiebelpflanzen leicht von schneller wachsenden Pflanzen verdrängt werden. Die Knollen sind recht empfindlich, sodass das Jäten mit der Hand dem mit der Hacke vorzuziehen ist. Die Zwiebeln müssen während der Wachstumszeit ausreichend gewässert werden; war das Frühjahr kalt und gedeihen die Pflanzen nur langsam, gibt man dem Wasser etwas flüssigen Dünger bei. Zwiebeln und Kartoffeln stehen häufig beieinander, da sie die gleichen Standorte bevorzugen.

Zwiebeln *ernten*

Die Kunst des Zwiebelanbaus zeigt sich auch in der richtigen Ernte. Die Zwiebeln werden geerntet, wenn das Zwiebellaub von selbst umgeknickt und vergilbt ist. Ob die Stängel vorher abgeknickt werden sollten oder nicht, ist umstritten. Einige Gärtner wollen damit das Reifen beschleunigen, andere wiederum sind der Meinung, dass dies die Pflanzen schädige und deren Lagerfähigkeit verschlechtere.

Die Zwiebeln können entweder am abgestorbenen Laub herausgezogen oder behutsam mit einer Grabegabel aus dem Boden gelöst werden.

Bei gutem Wetter können die geernteten Zwiebeln auf dem Beet zum Abtrocknen liegen bleiben, ansonsten werden sie an einem trockenen, luftigen Ort auf einem Drahtgitter abgetrocknet. Zwiebeln sollten nicht in einem geschlossenen Raum aufbewahrt werden, da sie während des Lagerns eine ausreichende Luftzirkulation benötigen.

Nur hochwertigen Samen verwenden, wie in Gartencentern angeboten.

Die Zwiebelsämlinge recken keck ihr frisches Grün durch die Erde.

Schalotten und einige Winterzwiebeln können im Freien überwintern.

Ein Beet bald erntereifer Zwiebeln.

Zwiebeln bilden gewöhnlich zuerst das Zwiebellaub und dann die Knollen aus.

Zeit zum Ernten – die Zwiebeln können aus dem Boden gelöst und zum Abtrocknen auf die Erde gelegt werden.

Konservieren *und Einlegen*

Die geläufigste Methode, Zwiebeln zu konservieren und sie dafür nicht zu dörren, ist das Einlegen in Essig. Kleine Knollen werden eingepökelt und danach in Essig eingelegt, um in Salaten und auf belegten Broten verzehrt zu werden.

Wann damit begonnen wurde, Zwiebeln in Essig einzulegen, ist nicht bekannt. Nachgewiesenermaßen werden für den Hausgebrauch seit Mitte des 18. Jahrhunderts die kleinen, nicht voll ausgewachsenen Zwiebeln konserviert.

Die zum Einlegen verwendeten Kräuter und Gewürze sind Pfefferkörner, Gewürzmischungen und Lorbeerblätter, für die etwas schärferen Varianten auch Koriandersamen und getrocknete Chillies. Der Geschmack der Zwiebeln wird stark vom Essig bestimmt; häufig wird Malzessig verwendet, ein würziges, dunkelbraunes Abfallprodukt der Bier brauenden Industrie. Ein leichter Apfelessig ist nicht unüblich, von manchen Köchen wird sogar Weißweinessig bevorzugt. Beliebte kleine Delikatessen sind in Balsamessig eingelegte Zwiebeln – süß, nussig im Aroma und delikat. Der Eigengeschmack der Zwiebeln ist durchaus von Bedeutung. Ich bevorzuge milde Sorten, etwa *Topper* oder *Paris Silver Skin*; für diejenigen, denen es nicht scharf genug sein kann, sollte eine etwas schärfere Zwiebelsorte, wie *Springfield*, ins Einmachglas kommen.

Pickles, Relishes und Chutneys enthalten einen großen Anteil an Zwiebeln und bringen einen kräftigen Hauch von Sommer in die trüben Wintermonate.

Schalotten oder andere kleine Zwiebeln eignen sich am besten zum Einlegen in Essig.

Lagern *von Zwiebeln*

Ebenso wie anderes Gemüse sollten Zwiebeln an einem kühlen, dunklen Ort, etwa in einem Keller, einem Schuppen oder einer Garage, frostfrei gelagert werden. Bekommen sie Frost ab, brechen die Zellstrukturen beim Auftauen und die Ernte ist unbrauchbar, wenn sie nicht sofort verarbeitet wird. Zwiebeln können in lockeren Büscheln, in Netzen oder traditionell zusammengeflochten gelagert werden. Sehen Sie die Zwiebeln regelmäßig durch und entfernen Sie alle weichen, damit sie nicht die gesamte Ernte verderben. Zwiebeln am besten hängend und nicht in Kisten aufbewahren.

Zwiebeln trocknen in der Sonne ab. Ist der Boden feucht, legt man sie am besten auf ein Gestell.

Kochen *mit Zwiebeln*

Zwiebeln sind eine wichtige Zutat in Chutneys, Saucen, Salaten und Schmorgerichten.

Ebenso vielseitig wie die Zwiebeln sind die Möglichkeiten ihrer Zubereitung.

Dünsten	Zwiebeln werden – mit oder ohne Fettzugabe – im eigenen Saft und wenig Flüssigkeit (Wasser, Fond, Wein u. a.) meist zugedeckt gegart.
Kochen	Garen der Zwiebeln in viel siedender Flüssigkeit, zugedeckt oder offen. Außer in Wasser können sie auch in Brühe, Wein oder Sud gekocht werden.
Köcheln	Garen der Zwiebeln in viel Flüssigkeit, wobei sofort nach dem Aufkochen die Temperatur reduziert wird.
Schmoren	Die Zwiebeln im Fett anbraten und unter Zugabe von wenig Flüssigkeit zugedeckt garen, meist im Backofen.
Braten	Die Zwiebeln in Öl oder Butter glasig oder rundum goldbraun anbraten. Dies kann rasch oder allmählich geschehen. Eine langsame Art der Zubereitung – 15 bis 20 Minuten ist ideal – bringt die natürliche Süße der Zwiebeln hervor.
Frittieren	Zwiebelringe, in Mehl oder Teig gewendet, werden in heißem Fett ausgebacken und dabei gegart.
Pürieren	Dies ist eher eine Zubereitungsart als eine Garmethode. Die Zwiebeln werden zu einem glatten Brei püriert und können dann für viele indische und thailändische Gerichte nach den Gewürzen in der Pfanne gebraten werden. Die pürierten Zwiebeln sind die Hauptzutat und dienen gleichzeitig zum Eindicken der Sauce.
Backen	Zwiebeln können mit oder ohne Schale im Backofen gebacken werden. Meistens sind sie vor dem Backen halb gar zu kochen.

Leichter *Zwiebelgeschmack*

Ein leichtes Zwiebelaroma kann auch ohne Zugabe von Zwiebeln in einem Gericht erzielt werden. Ein einfacher Weg ist die Verwendung von trockener Zwiebelsuppenmischung – diese schmeckt hervorragend auf Brot und anderem Gebäck oder kann für einen knusprigen Belag mit Semmelbröseln vermischt werden. Zwiebelsalz lässt sich gut über Salate oder mit Tomaten belegtes getoastetes Brot streuen. Zwiebelbrühe ist im Handel erhältlich oder kann selbst hergestellt werden; werden Zwiebelringe mit einigen Gewürzen in Wasser gekocht, entsteht eine pikante Brühe, die zu fast allen Gerichten passt.

Schmackhaftes *zu Zwiebeln*

Einige Lebensmittel und Aromen runden den Zwiebelgeschmack besonders gut ab. Käse z.B. passt hervorragend zu Zwiebeln – kombinieren Sie doch einmal gelbe Zwiebeln mit Cheddar oder süße Zwiebeln mit Emmentaler. Auch Oliven und Anchovis harmonieren gut mit Zwiebeln. Meine Lieblingsgewürze zu Zwiebeln sind Thymian und Lorbeerblätter. Gut passt auch Macis, die Samenkapsel der Muskatnuss.

Schweizer Emmentaler schmeckt besonders gut zu süßen weißen Zwiebeln, wie den Vidalia.

Schneiden *von Zwiebeln*

Das Schneiden von Zwiebeln gehört zu den Grundtechniken in der Küche. Man sollte die Wurzel der Zwiebel dabei möglichst intakt belassen. Wichtig ist ein sehr scharfes Messer mit einer großen Klinge.

1 Die papierene Haut ablösen, den oberen Teil der Zwiebel abschneiden und die Wurzel intakt belassen. Dann die Zwiebel halbieren.

2 Die Zwiebel mit der Schnittfläche nach unten auf ein Brett legen und zur Wurzel hin vier- bis fünfmal schräg ein-, aber nicht durchschneiden.

3 Die Zwiebel nun drei- bis fünfmal der Länge nach behutsam durchschneiden, ohne dabei die Wurzel zu beschädigen.

4 Zum Schluss die Zwiebel quer in kleine Stücke schneiden. Dabei am der Wurzel entgegengesetzten Ende beginnen. Um die Wurzel herumschneiden und diese dann entfernen.

Getränke *zu Zwiebeln*

Das »richtige« Getränk zu Zwiebeln, einem Gewürzgemüse, das sich den anderen Zutaten meist anpasst, gibt es im Grunde nicht. Generell könnte man sagen, dass ein Getränk gewählt werden sollte, das von der Speise in Aroma und Gehalt nicht übertroffen wird – das gilt auch für pikante und deftige Zwiebelgerichte. Ich bevorzuge Rotwein, wobei durchaus auch andere Weine zu Zwiebeln passen. Traditionelle Schmor- und Eintopfgerichte aus verschiedenen Gegenden Frankreichs werden immer mit regionalen Weinen serviert. Nur Puristen würden darauf bestehen, dass zu einem Boeuf Bourguignon ausschließlich ein Burgunder gereicht werden kann. Ein vollmundiger Cabernet Sauvignon, Merlot oder Landwein passt gut zu Eintopf- und Schmorgerichten, wohingegen ein leichter Gamay oder Zinfadel eine rein vegetarische Zwiebelspeise abrunden. Ein kraftvoller, voll ausgereifter Burgunder mit einem herzhaft-würzigen Aroma harmoniert mit einem würzigen, kräftigen Gericht wie der *Pissaladiera* (s. Seite 128). Weißweine sollten ein kräftiges Aroma besitzen, wie der populäre Chardonnay, der – besonders wenn er im Eichenfass gereift ist – hervorragend zu Zwiebelgerichten passt, obgleich ich einen leichteren, rassigen Sauvignon blanc zu würzig leichten Gerichten und zu Salaten mit Zwiebelringen reichen würde.

Die meisten hellen Biersorten lassen sich gut mit Zwiebelgerichten kombinieren. Dunkle Biere, wie auch das Guinness, können zu reichhaltigen Schmorgerichten und zu Pasteten getrunken werden. Bier und Zwiebeln in einer langsam gegarten Speise entwickeln zusammen ein wunderbares Aroma und sind wie geschaffen zu Käse, Zwiebelbroten oder Zwiebelpasteten mit Salat und Mixed Pickles. Bier, Zwiebeln und Brot sind eine traditionelle Zusammenstellung, sogar in einem Brot – dem *Herzhaften Bauernbrot* (s. Seite 130).

Ein einfaches Mittagessen aus Salat, Käse, Brot und Zwiebeln lässt sich am besten mit einem Bier hinunterspülen.

Saucen, Pickles und Füllungen

Zwiebeln sind ein Muss in vielen Pickles und Saucen.
Darüber hinaus verleihen sie Hauptgerichten und
Vorspeisen ein unvergleichliches Aroma und eine schmack-
hafte Würze. Leise geköchelt oder in Fleischfüllungen mit
Paniermehl und Kräutern vermengt sind Zwiebeln immer
eine pikante Beilage oder eine ausgezeichnete Zutat.

Süßes Zwiebel-*Apfel-Chutney*

Ergibt etwa 1,8 kg

1,5 kg Zwiebeln, gehackt
1,5 kg Kochäpfel, geschält,
   entkernt und gewürfelt
700 g Rosinen
geriebene Schale und Saft
   von 2 unbehandelten Zitronen
750 g brauner Zucker
600 ml Malzessig

Ein mildes, fruchtiges Chutney ohne zusätzliche Gewürze.
Schmeckt hervorragend auf Käsetoast und zu Fleischgerichten wie Fleischpastete.

Zubereitungszeit: 30 Minuten   Garzeit: 60 Minuten

1 Alle Zutaten in einen Topf geben und unter ständigem Rühren langsam erhitzen, bis der Zucker geschmolzen ist.
2 Das Ganze aufkochen lassen und 30 bis 40 Minuten – oder bis die Flüssigkeit reduziert ist – köcheln.
3 In der Zwischenzeit Einmachgläser mit heißem Wasser und Spülmittel reinigen und gut ausspülen. Die Gläser im Backofen etwa 15 Minuten bei 180 °C erhitzen.
4 Das Chutney heiß in die Gläser füllen, diese luftdicht verschließen und mit einem Etikett versehen. Das Chutney kann sofort verzehrt werden und hält sich etwa 1 Jahr.

Traditionell *eingelegte Zwiebeln*

Ergibt etwa 1 kg

1 kg Silberzwiebeln oder
   kleine Schalotten, geschält
125 g Meersalz
1 l Wasser
125 g Zucker
1 l Malzessig
2 EL Mixed-Pickle-Gewürz
   oder Koriandersamen

Der unangenehmste Arbeitsschritt beim Einlegen von Zwiebeln ist sicherlich das Schälen. Leichter lösen lässt sich die Schale, wenn die Zwiebeln etwa 5 Minuten in kochendes Wasser gelegt werden. Für süße Zwiebeln wird einfach etwas Zucker hinzugefügt.

Zubereitungszeit: 20 Minuten, 2 Tage einlegen
Würz- und Füllzeit: 2 Stunden 30 Minuten für den Essig,
               10–15 Minuten zum Füllen der Einmachgläser

1 Die Enden der Zwiebeln jeweils dünn abschneiden. Die Zwiebeln in eine Schüssel geben und mit kochendem Wasser übergießen. Nach etwa 5 Minuten herausnehmen und unter fließendem kalten Wasser abkühlen lassen. Die Haut abziehen.
2 Die Zwiebeln wiederum in eine Schüssel geben. Das Salz durch Rühren im Wasser auflösen. Die Zwiebeln mit dem Salzwasser übergießen und durch Auflegen eines Tellers nach unten drücken, sodass sie vollständig mit Flüssigkeit bedeckt sind. Das Ganze 2 Tage ziehen lassen.
3 Den Zucker, den Essig und die Gewürze zugedeckt in einem Topf fast zum Kochen bringen und rühren, bis der Zucker aufgelöst ist. Dann alles zugedeckt etwa 2 Stunden – oder bis der Essig erkaltet ist – ziehen lassen. Die Flüssigkeit durch ein Sieb abgießen, die Gewürze entfernen.
4 Die Zwiebeln aus dem Salzwasser nehmen, unter fließendem Wasser gut abspülen und fest in sterile Einmachgläser drücken. Anschließend die Zwiebeln vollständig mit der Flüssigkeit bedecken.
5 Die Einmachgläser luftdicht verschließen, mit Etiketten versehen und mindestens 1 Monat ziehen lassen.

Süßes Zwiebel-Apfel-Chutney

Walnuss-*Zwiebel-Chutney*

Ergibt etwa 1 kg

4 EL Olivenöl
1 kg Zwiebeln,
  in dünne Ringe geschnitten
500 g Äpfel, geschält,
  entkernt und gehackt
250 ml Rotwein
225 g Zucker
2 TL grobes Meersalz
1 TL schwarzer Pfeffer
100 ml Rotweinessig
350 g Walnüsse, gehackt
Zitronensaft zum Abschmecken

Diese Mischung, geschmacklich angesiedelt zwischen einem traditionellen Chutney und der derzeit populären Zwiebelmarmelade, vereint die kernige Note von Nüssen mit dem herzhaften Zwiebelgeschmack. Das Chutney sollte wie eine Marmelade verwendet und nach dem Öffnen im Kühlschrank aufbewahrt werden. Das geöffnete Chutney innerhalb 1 Woche verbrauchen.

Zubereitungszeit: 15 Minuten   Garzeit: 1 Stunde 15 Minuten

1 Das Öl in einer großen Pfanne erhitzen, die Zwiebeln dazugeben und etwa 10 Minuten dünsten. Danach die Äpfel und den Rotwein hinzufügen. Das Ganze aufkochen lassen und etwa 20 Minuten köcheln, bis die Zwiebeln und die Äpfel gar sind.
2 Zucker, Salz, Pfeffer und Essig zufügen und alles unter Rühren etwa 30 Minuten köcheln, bis das Chutney eingedickt ist.
3 Die Walnüsse und den Zitronensaft dazugeben und gleichmäßig unter die Mischung rühren. Das Ganze etwa 10 Minuten köcheln, bis es wieder eingedickt ist.
4 Einmachgläser mit Spülmittel und heißem Wasser reinigen und gut ausspülen. Die Gläser im Backofen etwa 15 Minuten bei 180 °C erhitzen. Dann das Chutney in die Gläser füllen, diese luftdicht verschließen und mit einem Etikett versehen.

Zwiebel-*Sauce*

4–6 Portionen

3–4 große Zwiebeln,
  je nach Größe in 6 oder
  8 Stücke geschnitten
6 schwarze Pfefferkörner
1 Lorbeerblatt
1 EL Butter
3 EL Mehl
250 ml Milch
Salz und schwarzer Pfeffer

Ein kulinarischer Klassiker, der besonders gut zu gebratenem Lamm passt. Nicht verzehrte Sauce kann hervorragend in Pilaw oder Fleischpasteten verwertet werden. Für eine richtig sämige Sauce sind große Zwiebelstücke am besten geeignet. Ganz nach Belieben kann auch der gesamte Zwiebelsud verwendet und mit 3 bis 4 Esslöffel Trockenmilchpulver vermischt werden.

Zubereitungszeit: 15 Minuten   Garzeit: 10 Minuten

1 Die Zwiebelstücke, die Pfefferkörner und das Lorbeerblatt in einen großen Topf geben und mit kaltem Wasser bedecken. Das Ganze aufkochen lassen und zugedeckt etwa 10 Minuten köcheln. Durch ein Sieb gießen, den Sud auffangen und die Pfefferkörner und das Lorbeerblatt entfernen. Die Zwiebeln abtropfen lassen.
2 Die Butter im Topf erhitzen, dann das Mehl, die Milch und 250 ml Sud unter ständigem Rühren dazugeben. Alles aufkochen lassen, die Zwiebelstücke hinzufügen und das Ganze 2 bis 3 Minuten kochen. Wird die Sauce zu dick, weiteren Zwiebelsud dazugießen.
3 Mit Salz und Pfeffer abschmecken und zu gebratenem Lamm reichen.

Walnuss-Zwiebel-Chutney

Zwiebel-*Oliven-Sauce*

4 Portionen

4 EL Olivenöl

3 große Zwiebeln,
  in dünne Ringe geschnitten

Salz und schwarzer Pfeffer

3–4 große Thymianzweige

geriebene Schale und Saft
  von 1 unbehandelten Zitrone

250 ml Fisch- oder
  Gemüsebrühe

12 saftige grüne Oliven,
  entsteint und gehackt

4 EL Anchovisfilets,
  abgetropft und fein gehackt

2 EL frische Petersilie, gehackt

Eine gehaltvolle Sauce zu fleischigen Fischen wie Thun- oder Schwertfisch. Die Anchovis verleihen der Sauce eine spezielle geschmackliche Nuance, können aber auch weggelassen werden. Je länger die Sauce kocht, um so schmackhafter wird sie.

Zubereitungszeit: 10 Minuten   Garzeit: 35 Minuten

1 Das Öl in einer großen Pfanne erhitzen und die Zwiebelringe kurz darin andünsten. Viel Salz und Pfeffer, die abgezupften Thymianblätter und die geriebene Zitronenschale dazugeben. Das Ganze bei mittlerer Hitze etwa 10 Minuten dünsten, bis die Zwiebeln weich und leicht bräunlich sind.
2 Die Fisch- oder Gemüsebrühe hinzugießen, alles aufkochen lassen und 5 bis 10 Minuten kochen, um die Flüssigkeit etwas zu reduzieren.
3 Die Oliven und Anchovis unter Rühren hinzufügen. Die Sauce mit Salz und Pfeffer abschmecken und zuletzt die Petersilie und den Zitronensaft zugeben. Mit gegrillten Fischsteaks servieren.

Rote Zwiebel-*Schalotten-Marmelade*

Ergibt etwa 900 g

100 ml Olivenöl

1 kg rote Zwiebeln, in dünne
  Ringe geschnitten

250 g Schalotten, in dünne
  Ringe geschnitten

6 große Thymianzweige

200 g Zucker

2 TL grobes Meersalz

1 TL schwarzer Pfeffer

100 ml Sherryessig

350 ml Oloroso (Sherry)

Zitronensaft zum Abschmecken

Eine schmackhafte Garnierung für Koteletts und Steaks oder eine interessante Würze zu kaltem Fleisch und Käse. Die geöffnete Marmelade im Kühlschrank aufbewahren und innerhalb 1 Monats verzehren.

Zubereitungszeit: 15 Minuten   Garzeit: 1 Stunde 30 Minuten

1 Das Öl in einer großen Pfanne erhitzen, die Zwiebeln, die Schalotten und die abgezupften Thymianblätter dazugeben. Das Ganze 25 bis 30 Minuten – oder bis die Zwiebeln weich sind – dünsten.
2 Den Zucker, das Salz und den Pfeffer unterrühren und alles etwa 10 Minuten weiter dünsten. Dann den Essig und den Sherry hinzugeben.
3 Die Marmelade aufkochen lassen und 30 bis 40 Minuten köcheln, bis sie eingedickt ist. Mit dem Zitronensaft abschmecken.
4 Die Marmelade in sterile Einmachgläser geben, diese luftdicht verschließen und mit einem Etikett versehen.

Rote Zwiebel-Schalotten-Marmelade

Frühlingszwiebel-*Petersilien-Sauce*

Diese weniger traditionelle, sondern eher cremige und gehaltvolle Sauce ist intensiv in Geschmack und Farbe. Sie passt hervorragend zu weißem Fisch wie gebackenem Kabeljau oder gegrilltem Rochen.

Zubereitungszeit: 10 Minuten   Garzeit: 10 Minuten

1 Das Öl in einer kleinen Pfanne erhitzen. Die weißen Frühlingszwiebelringe dazugeben und 6 bis 8 Minuten bei mittlerer Hitze weich dünsten. Dann nach Belieben den Chili hinzufügen.

2 Die Crème fraîche unterrühren. Das Ganze aufkochen lassen und 2 bis 3 Minuten köcheln, bis die Sauce leicht eingedickt ist.

3 Die grünen Frühlingszwiebelstreifen und die Petersilie dazugeben und alles mit Salz und Paprika abschmecken. Wenn vorhanden, etwas Fischbrühe hinzugießen. Die Sauce löffelweise über den Fisch geben.

4–6 Portionen

2 EL Erdnuss- oder
    Sonnenblumenöl
8–10 Frühlingszwiebeln,
    weiße Teile in feine Ringe
    und grüne Teile in Streifen
    geschnitten
1 grüner Chili, entkernt und
    fein gehackt (nach Belieben)
250 g Crème fraîche
5 EL frische glatte Petersilie,
    gehackt
Salz
Paprikapulver

Rote Zwiebel-*Salbei-Füllung*

4–6 Portionen

2 Handvoll frische Salbeiblätter
4 EL Butter
2 große rote Zwiebeln,
  sehr fein gehackt
175 g Paniermehl
Salz und schwarzer Pfeffer
1 großes Ei, verquirlt

Dies ist eine klassische Füllung, die meist zu Schweinefleisch serviert wird.
Das Wesentliche daran sind die frischen Kräuter und das kräftige Zwiebelaroma.

Zubereitungszeit: 25 Minuten   Garzeit: 30 Minuten

1 Die Salbeiblätter in eine Schüssel geben, mit heißem Wasser übergießen und das Ganze etwa 10 Minuten ziehen lassen.
2 Die Butter in einer Pfanne erhitzen, die Zwiebeln dazugeben und bei mittlerer Hitze etwa 10 Minuten weich dünsten.
3 Das Paniermehl in eine Schüssel geben und die Zwiebeln samt dem Sud hinzufügen.
4 Die Salbeiblätter abtropfen lassen und mit Küchenpapier trockentupfen. Die Blätter sehr fein hacken und zu der Paniermehl-Zwiebel-Mischung geben. Das Ganze mit Salz und Pfeffer abschmecken.
5 Nur so viel verquirltes Ei unterrühren, dass eine feuchte, feste Masse entsteht. Entweder einen Schweinebraten damit füllen oder 12 Teigbällchen daraus formen. Die Bällchen in Öl oder zerlassener Butter im vorgeheizten Backofen bei 200 °C etwa 30 Minuten braten. Dabei einmal wenden und mit Öl oder Butter übergießen.

Würzige Kichererbsen-*Zwiebel-Füllung*

Eine hervorragende Füllung für einen Lammbraten. Lassen Sie vom Metzger den Knochen entfernen und füllen Sie das Fleisch mit der zubereiteten Mischung. Mit gemahlenem Kreuzkümmel und Piment gewürzt schmeckt das Lammfleisch herzhaft exotisch.

4–6 Portionen

2 EL Chili- oder Erdnussöl
1 große rote Zwiebel,
 fein gehackt
6–8 Frühlingszwiebeln,
 fein gehackt
1 TL mildes Chilipulver
1 mittelgroße Aubergine,
 fein gewürfelt
400 g Kichererbsen
 aus der Dose, abgetropft
Salz und schwarzer Pfeffer

Zubereitungszeit: 20 Minuten

1 Das Öl in einer Pfanne erhitzen. Die Zwiebeln mit dem Chilipulver hinzufügen und etwa 10 Minuten weich dünsten. Die Auberginenwürfel hinzugeben und alles etwa 5 Minuten weiter dünsten.
2 Die Kichererbsen in eine Schüssel geben und mit einer Gabel zerdrücken. Dann die Zwiebel-Auberginen-Mischung unterrühren.
3 Das Ganze mit Salz und Pfeffer abschmecken und den Braten damit füllen. Die Füllung muss im Fleisch gegart werden, da sie sich nicht formen lässt.

Zwiebelfüllung *mit Zitronengras und Koriander*

4–6 Portionen

2 EL Erdnussöl

2 große rote Zwiebeln,
 fein gehackt

1 Prise Chilipulver

2 Stängel Zitronengras,
 zerstoßen und sehr fein
 gehackt

175 g Paniermehl

2 Handvoll frischer Koriander,
 gehackt

Salz und schwarzer Pfeffer

1 großes Ei, verquirlt

4 EL Butter, zerlassen

frischer Koriander,
 zum Garnieren

*Zu gebratenen Schweinekoteletts sind die Teigbällchen ein Gedicht. Unter einem
knusprigen Äußeren verbergen sie als Überraschung aromatisches Zitronengras.*

Zubereitungszeit: 25 Minuten   Garzeit: 30 Minuten

1 Das Öl in einer Pfanne erhitzen. Die Zwiebeln, das Chilipulver und das Zitronengras
8 bis 10 Minuten darin dünsten, bis die Zwiebeln glasig sind. Das Ganze langsam
abkühlen lassen.
2 Das Paniermehl und den Koriander in einer großen Schüssel vermengen und mit Salz
und Pfeffer abschmecken. Die gedünsteten gewürzten Zwiebeln und das Ei unterrühren.
Für eine festere Mischung gegebenenfalls etwas zerlassene Butter zugeben.
3 Den Backofen auf 200 °C vorheizen.
4 Aus der Mischung mit feuchten Händen 12 Teigbällchen formen.
5 Die Butter in einem Bräter zerlassen, die Teigbällchen hinzugeben und so oft wenden,
bis sie völlig mit Butter bedeckt sind. Die Bällchen im Backofen etwa 30 Minuten braten, bis sie tiefbraun sind. Mit Koriander bestreuen und zu im Backofen gegarten
Koteletts servieren.

Suppen, Vorspeisen und Horsd'œuvres

Dominant oder dezent?
Zwiebeln können den Geschmack von Suppen
und Vorspeisen vorgeben, verfeinern
oder in Form einer pikanten Garnierung abrunden.

Französische *Zwiebelsuppe*

6 Portionen

1 EL Butter
2 EL Olivenöl
4 große Zwiebeln,
  in dünne Ringe geschnitten
700 ml Rinder-
  oder Gemüsebrühe
Salz und schwarzer Pfeffer
3–4 große Lorbeerblätter
6 dicke Scheiben Baguette
85 g Schweizer Käse, gerieben

*Eine berühmte Spezialität der Pariser Bistros,
die Nachtschwärmern in den frühen Morgenstunden als Katerfrühstück dient.
Die Suppe kann auch mit etwas Mehl gebunden werden.*

Zubereitungszeit: 30–40 Minuten   Garzeit: 30–40 Minuten

1 Die Butter und das Öl in einem großen Topf erhitzen. Die Zwiebeln zugeben und bei mittlerer Hitze 20 bis 30 Minuten goldbraun dünsten.
2 Brühe, Salz, Pfeffer und Lorbeerblätter hinzufügen. Das Ganze aufkochen lassen und zugedeckt etwa 30 Minuten köcheln.
3 Die Lorbeerblätter entfernen und die Suppe abschmecken.
4 Den Backofen auf 200 °C vorheizen. Die Baguettescheiben mit Käse bestreuen und in einer feuerfesten Schüssel oder auf dem Grillrost auf der obersten Schiene des vorgeheizten Backofens überbacken, bis der Käse leicht braun ist. Je eine Baguettescheibe auf einen Teller Suppe legen und sofort servieren.

Libanesische Zwiebelsuppe *mit Couscous*

6 Portionen

2 EL Öl
1 EL Butter
4 große Zwiebeln,
  in dünne Ringe geschnitten
1 roter Chili,
  entkernt und fein gehackt
1 TL mildes Chilipulver
1/2 TL gemahlene Kurkuma
1 TL gemahlener Koriander
2 l Gemüse- oder Hühnerbrühe
Salz und schwarzer Pfeffer
60 g Couscous

*Der französischen Zwiebelsuppe ähnlich, doch mit weitaus mehr Gewürzen,
mundet diese wärmende Suppe besonders gut an kalten Tagen.*

Zubereitungszeit: 20 Minuten   Garzeit: 40 Minuten

1 Das Öl und die Butter in einem Topf erhitzen. Die Zwiebeln dazugeben und etwa 15 Minuten bei mittlerer Hitze goldbraun dünsten.
2 Den Chili und die Gewürze hinzufügen. Das Ganze bei geringer Hitze 1 bis 2 Minuten dünsten, dann die Brühe hineingießen. Die Suppe mit Salz und Pfeffer abschmecken, aufkochen lassen und zugedeckt etwa 30 Minuten köcheln.
3 Den Couscous einrühren, die Suppe erneut aufkochen lassen und etwa 10 Minuten weiter kochen. Nochmals abschmecken und sofort servieren.

Französische Zwiebelsuppe

Blumenkohl-*Frühlingszwiebel-Suppe*

4–6 Portionen

8–10 Frühlingszwiebeln,
  in Ringe geschnitten
2 EL Butter
1 große Kartoffel,
  geschält und gewürfelt
1 großer Blumenkohl, gehackt
  (einschließlich Strunk)
1,2 l Wasser
Salz und schwarzer Pfeffer
250 ml Milch

Das in Ringe geschnittene Grün der Frühlingszwiebeln ist ein Blickfang auf der Suppe. Der Blumenkohl- und Zwiebelgeschmack lässt den Gedanken an Kräuter, Gewürze oder Brühe gar nicht erst aufkommen.

Zubereitungszeit: 10 Minuten   Garzeit: 30 Minuten

1 Die grünen Zwiebelringe für die Garnierung beiseite legen. Die Butter in einem Topf erhitzen, die weißen Zwiebelringe hinzufügen und etwa 5 Minuten weich dünsten.
2 Die Kartoffel und den Blumenkohl dazugeben und alles zugedeckt bei geringer Hitze etwa 5 Minuten dünsten, gelegentlich etwas schütteln.
3 Das Wasser, das Salz und den Pfeffer zugeben. Das Ganze aufkochen lassen und zugedeckt etwa 20 Minuten köcheln.
4 Den Topf vom Herd nehmen, die Suppe etwas abkühlen lassen und pürieren. Dann mit der Milch auf die gewünschte Konsistenz verdünnen, langsam erhitzen und abschmecken.
5 Vor dem Servieren das Grün der Zwiebeln auf die Suppe streuen.

Frühlingszwiebel-*Gurken-Suppe*

*Der herrlich erfrischende Geschmack macht diese
kalte Speise selbst bei Suppenkaspern beliebt.*

Zubereitungszeit: 1 Stunde 30 Minuten, einschließlich Zeit zum Abkühlen
Kühlzeit: 2 Stunden

1 Einige grüne Zwiebelringe für die Garnierung beiseite legen. Die restlichen Zwiebelringe, Zitronengras, Chillies, Limettenblätter und Gemüsebrühwürfel in einen großen Topf geben. Das Wasser dazugießen und alles zum Kochen bringen. Die Gurke hinzufügen, den Topf zudecken und vom Herd nehmen. Das Ganze etwa 1 Stunde ziehen lassen.

2 Die Suppe zu einer glatten Masse pürieren und dann durch ein feines Sieb streichen. Den Joghurt und die Fischsauce einrühren und die Suppe gegebenenfalls mit etwas Salz abschmecken. Mindestens 2 Stunden in den Kühlschrank stellen.

3 Vor dem Servieren 1 Esslöffel zerstoßenes Eis auf jeden Teller geben und die restlichen Zwiebelringe aufstreuen.

6 Portionen

6 große Frühlingszwiebeln,
  in feine Ringe geschnitten
1 Stängel Zitronengras,
  zerstoßen und fein gehackt
2 grüne Chillies und 2 Caribe-
  Chillies oder 3 grüne Chillies,
  entkernt und fein gehackt
2 Kaffir-Limetten-Blätter
  oder abgeriebene Schale von
  1 unbehandelten Limette
1 Würfel Gemüsebrühe,
  zerkrümelt
850 ml Wasser
1 große Gurke,
  entkernt und gehackt
250 g Naturjoghurt
1 EL Fischsauce
Salz zum Abschmecken

Rote Röstzwiebel-*Pfeffer-Suppe*

4–6 Portionen

2 große rote Zwiebeln,
   geschält und halbiert
1 große rote und 1 große
   grüne Paprikaschote
Salz und schwarzer Pfeffer
4–5 EL Olivenöl
400 g Tomaten
   aus der Dose, gehackt
700 ml Gemüse-
   oder Hühnerbrühe
1 Handvoll frische
   Basilikumblätter
2 EL Pesto oder Tapenade
   (schwarze Olivenpaste)
Parmesan, fein gehobelt,
   zum Anrichten

Diese reichhaltige Speise mit einem duftenden Flair von Mittelmeer
dient mit knusprigem Brot gereicht als Hauptgericht.

Zubereitungszeit: 1 Stunde   Garzeit: 20 Minuten

1 Den Backofen auf 220 °C vorheizen. Die Zwiebeln und die Paprikaschoten auf ein Backblech geben, mit Salz und Pfeffer bestreuen und mit etwas Öl besprenkeln. Das Ganze etwa 20 Minuten rösten, bis die Paprikaschoten geröstet sind. Dabei einmal wenden. Danach die Paprikaschoten mit einem feuchten Geschirrtuch bedecken und etwa 10 Minuten stehen lassen; dann deren Haut ablösen.
2 Die Paprikaschoten schälen, entkernen und mit den Zwiebeln hacken. Das restliche Öl in einem Topf erhitzen, die Zwiebeln und die Paprikaschoten dazugeben und 2 bis 3 Minuten dünsten. Die Tomaten und die Brühe hinzufügen, das Ganze zum Kochen bringen und das Basilikum einrühren. Alles etwa 15 Minuten zugedeckt köcheln.
3 Die Suppe pürieren, gegebenenfalls behutsam erhitzen und mit Salz und Pfeffer abschmecken. Wenn nötig, noch etwas Brühe oder Wasser hinzufügen.
4 Das Pesto oder die Tapenade unterrühren. Vor dem Servieren die Suppe mit dem Parmesan garnieren.

Englische *Zwiebelsuppe*

4–6 Portionen

1 EL Olivenöl
4 EL Butter
3 große Zwiebeln,
   in dünne Ringe geschnitten
2 EL Mehl
1,2 l Gemüsebrühe
Salz und schwarzer Pfeffer
1/2 TL gemahlener Macis
250 ml Milch
Zitronensaft zum Abschmecken

Diese sämige, schmackhafte Suppe mundet
nach der Arbeit im Garten besonders gut.

Zubereitungszeit: 30–40 Minuten   Garzeit: 30–40 Minuten

1 Das Öl und die Butter in einem großen Topf erhitzen. Die Zwiebeln zugeben und bei geringer Hitze etwa 20 Minuten goldbraun dünsten.
Aufgepasst: Um die Walnuss-Farbe und einen guten Geschmack zu erhalten, dürfen die Zwiebeln nicht schwarz werden.
2 Das Mehl unterrühren. Das Ganze 2 bis 3 Minuten bräunen. Dann langsam die Brühe einrühren.
3 Alles aufkochen lassen, mit Salz, Pfeffer und Macis würzen und zugedeckt 30 bis 40 Minuten köcheln.
4 Die Milch unter ständigem Rühren dazugießen, die Suppe abschmecken und etwas Zitronensaft hinzufügen. Danach die Suppe behutsam erhitzen und mit knusprigem Brot und herzhaftem Käse servieren.

Zwiebel-Kürbis-Suppe *mit Kokosnuss*

Diese cremige, würzige Suppe zeichnet sich durch einen außergewöhnlichen Geschmack aus. Der Joghurt dient als kühlende Garnierung.

Zubereitungszeit: 15 Minuten   Garzeit: 40 Minuten

1 Das Öl in einem Topf erhitzen. Die Zwiebeln zugeben und zugedeckt etwa 10 Minuten weich – aber nicht braun – dünsten. Den Kürbis hinzufügen und alles etwa 5 Minuten weiter dünsten.

2 Das Zitronengras, die Chillies, die Limettenblätter und zuletzt die Brühe einrühren. Das Ganze zum Kochen bringen, mit Salz und Pfeffer abschmecken und etwa 20 Minuten – oder bis der Kürbis weich ist – köcheln.

3 Alles etwas abkühlen lassen, danach die Kokosnusscreme und die Fischsauce dazugeben. Das Ganze zu einer glatten Suppe pürieren und nochmals mit Salz und Pfeffer abschmecken. Statt Pfeffer können auch Chilisamen zum Würzen verwendet werden.

4 Vor dem Servieren 1 Löffel Naturjoghurt in jeden Suppenteller geben und etwas Koriander aufstreuen.

4 – 6 Portionen

2 EL Sonnenblumen-
oder Erdnussöl

2 große Zwiebeln,
in Ringe geschnitten

500 g Kürbis, z. B. Butternut-
kürbis, fein gewürfelt

1–2 Stängel Zitronengras,
zerstoßen und fein gehackt

3 kleine rote Thai-Chillies,
entkernt und fein gehackt

3 Kaffir-Limetten-Blätter,
in kleine Stücke gerupft,
oder abgeriebene Schale von
2 unbehandelten Limetten

1,2 l Gemüsebrühe

Salz und schwarzer Pfeffer

125 ml Kokosnusscreme

2 EL Fischsauce

Naturjoghurt und frischer
Koriander zum Anrichten

Zwiebelringe *mit Mohn*

2 Portionen

Öl zum Frittieren
100 g Mehl
2 EL Mohn
1 EL weiße Senfkörner
Salz und Pfeffer
2 große Zwiebeln,
   in 1,2 cm dicke Ringe
   geschnitten
etwas Milch

Zwiebelringe müssen nicht immer im Teiggewand daherkommen; eine ideale Alternative ist ein knuspriger Mehlüberzug. Mohn und Senfkörner bieten einen interessanten Kontrast zu den Zwiebeln.

Zubereitungszeit: 10 Minunten   Garzeit: 15 Minuten

1 Das Frittieröl in einem großen Topf oder einer Fritteuse auf 180 °C erhitzen.
2 Alle trockenen Zutaten miteinander vermischen.
3 Die Zwiebelringe in etwas Milch tunken, dann in der Mehlmischung wenden. Zum Frittieren in 3 Portionen teilen.
4 Die Zwiebelringe behutsam in das heiße Öl geben und 3 bis 4 Minuten goldgelb frittieren. Danach die Ringe mit einem Schaumlöffel herausnehmen und auf Küchenpapier abtropfen lassen.
5 Als Beilage auf einem Salatbett servieren oder als Snack reichen.

Würzige Zwiebelbällchen

Ergibt etwa 24 Stück

Öl zum Frittieren
200 g Vollkornmehl
1 TL Salz
1/2 TL Natron
1 EL Reismehl
1 EL mildes Currypulver
1 TL Chilipulver
1 kleiner grüner Chili,
   entkernt und fein gehackt
2 große Zwiebeln,
   fein gehackt
250 ml Wasser

Für diese fritierten Zwiebelbällchen eignet sich am besten sehr feines Besan- oder Kichererbsenmehl. Eine gute Alternative ist feines Vollkornmehl, wie es für Kuchenteig verwendet wird. Die Bällchen dürfen nicht zu groß sein, sonst werden sie außen zu dunkel, bevor sie innen gar sind.

Zubereitungszeit: 10 Minuten   Garzeit: 20 Minuten

1 Das Frittieröl in einem großen Topf oder einer Fritteuse auf 170 °C erhitzen.
2 Alle trockenen Zutaten in einer Schüssel vermengen, dann den Chili und die Zwiebeln dazugeben. Gegebenenfalls weitere Zwiebeln hinzufügen.
3 Langsam Wasser einrühren, bis ein dicker, weicher Teig entsteht. Zum Frittieren den Teig in 2 Portionen teilen.
4 Die Mischung teelöffelweise in das heiße Öl geben und etwa 10 Minuten frittieren, bis die Bällchen goldgelb und knusprig sind.
5 Die Zwiebelbällchen mit einem Schaumlöffel herausnehmen und auf Küchenpapier abtropfen lassen. Mit Chutney oder Zwiebeln, Rettich oder *Zwiebel-Raita* (s. Seite 50) reichen.

Zwiebelringe *in Bierteig*

Frittierte Zwiebelringe im Bierteigmantel sind allzeit beliebt.
Das Bier verleiht dem Teig einen ausgezeichneten Geschmack
und das Eiweiß macht ihn knusprig und leicht.

Zubereitungszeit: 15 Minuten   Garzeit: 10 Minuten

1 Das Frittieröl in einem großen Topf oder einer Fritteuse auf 190 °C erhitzen.
2 Das Mehl mit dem Mais- oder Pflanzenöl und dem Bier in einer Schüssel vermischen.
Das Eiweiß steif schlagen und mit einem Schneebesen unter den Teig rühren. Den Teig
gleich verarbeiten.
3 Die Zwiebelscheiben in Ringe trennen und diese zum Frittieren in 2 Portionen teilen.
Die Ringe in den Teig tunken, dann behutsam in das heiße Öl geben und 3 bis
4 Minuten goldbraun frittieren. Gegebenenfalls im Öl wenden.
4 Die frittierten Zwiebelringe mit einem Schaumlöffel herausnehmen und auf Küchenpapier abtropfen lassen. Zu Steaks oder gegrilltem Fisch servieren oder als Snack mit
Knoblauch- oder Tomatendip reichen.

2 Portionen

Öl zum Frittieren
100 g Mehl
3 EL Mais- oder Pflanzenöl
250 ml Bier
1 großes Eiweiß
2 große rote Zwiebeln,
   in 1 cm dicke Ringe
   geschnitten

Frühlingsrollen *mit Frühlingszwiebeln*

4 Portionen

300 g TK-Pfannengemüse,
  asiatische Art
6 Frühlingszwiebeln,
  in 5 cm breite Ringe und
  der Länge nach in dünne
  Streifen geschnitten
8–16 Frühlingsrollenteigblätter,
  je nach Größe
Erdnussöl zum Bestreichen
Öl zum Frittieren
Chilisauce zum Anrichten

Mit Gemüse aus der Tiefkühltruhe sind diese Frühlingsrollen rasch zubereitet, die frischen Zwiebeln geben dem Gericht ein würziges Aroma. Entscheiden Sie ganz nach Belieben, ob frittiert oder gebacken – frittiert wird die Teighülle knuspriger.

Zubereitungszeit: 20 Minuten   Garzeit: 12 Minuten

1 Das Pfannengemüse mit den Frühlingszwiebeln vermengen. Werden die Frühlingsrollen gebacken, den Backofen auf 220 °C vorheizen. Sollen sie frittiert werden, das Öl in einem großen Topf oder einer Fritteuse auf 190 °C erhitzen.
2 Die Frühlingsrollenteigblätter – 8 oder 16 quadratische Stücke – mit Erdnussöl bestreichen.
3 Das Gemüse gleichmäßig auf die Teigscheiben verteilen. Zwei gegenüberliegende Seiten übereinander schlagen und die beiden anderen Seiten knapp nach innen knicken. Alle sichtbaren Ränder mit etwas Wasser befeuchten und gut zusammendrücken. Das Verkleben der Ränder ist wichtig, da sich die Rolle sonst öffnen und das Gemüse herausfallen kann.
4 Die Frühlingsrollen im vorgeheizten Backofen 10 bis 12 Minuten oder im heißen Frittierfett 3 bis 4 Minuten goldgelb ausbacken. Während des Ausbackens die Rollen einmal vorsichtig wenden. Die frittierten Rollen auf Küchenpapier abtropfen lassen.
5 Mit einem kleinen Salat oder einem Kräuterensemble und viel Chilisauce servieren.

Zwiebel-Rosmarin-*Gorgonzola-Crostini*

4 Portionen

1 große Schalotte,
  geschält und halbiert
16 Scheiben Baguette
4 Frühlingszwiebeln,
  fein gehackt
1 EL frischer Rosmarin, gehackt
2 getrocknete Tomaten,
  fein gehackt
120 g Gorgonzola, zerkrümelt
Salz und schwarzer Pfeffer

Die italienische Art, ein knuspriges Horsd'oeuvre zu einem Getränk zu reichen. Für einen etwas kräftigeren Zwiebelgeschmack werden die Brotscheiben mit der Schnittfläche einer Schalotte eingerieben.

Zubereitungszeit: 15 Minuten   Garzeit: 5 Minuten

1 Die Brotscheiben mit den Schnittflächen der Schalottenhälften einreiben. Dann die Schalotte fein hacken und mit den anderen Zutaten in eine Schüssel geben. Alles gut vermengen.
2 Den Grill im Backofen vorheizen. Den Belag auf die Brotscheiben verteilen und das Ganze auf einem Backblech unter dem heißen Grill so lange überbacken, bis der Käse geschmolzen und leicht braun geworden ist. Sofort servieren.

Bruschettas *mit Frühlingszwiebeln*

Bruschettas verströmen immer einen Hauch von Mittelmeer, auch wenn – wie hier –
anstelle von Knoblauch Frühlingszwiebeln den Belag verfeinern.

Zubereitungszeit: 30 Minuten   Garzeit: 10 Minuten

1 Die Tomaten und die Zwiebeln in einer Schüssel vermengen. Das Ganze mit Salz und
Pfeffer abschmecken und unter gelegentlichem Rühren etwa 20 Minuten ziehen lassen.
2 Den Grill im Backofen vorheizen. Die Brotscheiben auf einer Seite unter dem heißen
Grill rösten, dann wenden und die Tomaten-Zwiebel-Mischung darauf verteilen. Das
Brot muss vollständig bedeckt sein, damit es nicht verbrennt. Das Ganze überbacken,
bis die Tomaten an den Rändern zu rösten beginnen.
3 Das Öl mit einem Löffel über die Bruschettas geben und diese mit Salatblättern oder
anderem Grün servieren.

2 Portionen

2–3 reife Fleischtomaten,
  in Scheiben geschnitten
2 Frühlingszwiebeln,
  in dünne Ringe geschnitten
Salz und schwarzer Pfeffer
4–6 Scheiben Baguette oder
  2 Scheiben Vollkornbrot
2 EL Olivenöl

Käse-Zwiebel-Beignets

Ergibt etwa 15 Stück

Öl zum Frittieren
4 EL Butter
150 ml Wasser
60 g Mehl
2 mittelgroße Eier,
  verquirlt
50 g Cheddar, gerieben
1 Schalotte,
  sehr fein gehackt
Salz und Cayennepfeffer

Die richtige Menge der Zutaten macht's, dann gelingen die Beignets fast wie von selbst. Die Eier nach und nach in den Teig rühren; womöglich werden nicht alle benötigt. Für einen festen Teig, diesen recht steif halten.

Zubereitungszeit: 15 Minuten   Garzeit: 10–12 Minuten

1 Das Frittieröl in einem großen Topf oder einer Fritteuse auf 200 °C erhitzen.
2 Für den Teig die Butter und das Wasser in einem Topf erhitzen, bis die Butter geschmolzen ist, und das Ganze aufkochen lassen. Das Mehl zugeben – es kann auf gewachstes Papier gesiebt und von dort in den Topf geschüttet werden. Den Topf vom Herd nehmen und den Teig kräftig verrühren, bis sich ein Kloß gebildet hat, der sich von der Schüsselwand löst. Ein Kochlöffel aus Holz ist hierfür am besten geeignet.
3 Unter ständigem Rühren nach und nach die verquirlten Eier hinzufügen. Dann Käse, Schalotte, Salz und Cayennepfeffer dazugeben. Den Teig nochmals kräftig durchrühren.
4 Den Teig esslöffelweise in das heiße Fett geben und 3 bis 4 Minuten goldbraun ausbacken. Die Beignets auf Küchenpapier abtropfen lassen und heiß servieren.

Röstzwiebel-Auberginen-Pastete

6 Portionen

1 große Zwiebel,
  geschält und geviertelt
1 mittelgroße Aubergine
Salz und schwarzer Pfeffer
Olivenöl
225 g Frischkäse
1 Knoblauchzehe
1 Prise Chilipulver
Zitronen- oder Limettensaft
  zum Abschmecken

Dip oder Aufstrich?
Diese wohlschmeckende Pastete ist für beides geeignet und darüber hinaus auch eine köstliche Füllung für Tortillas.

Zubereitungszeit: 15 Minuten   Garzeit: 45 Minuten, dann abkühlen lassen

1 Den Backofen auf 220 °C vorheizen.
2 Die Zwiebelstücke und die Aubergine auf ein Backblech geben. Beides mit Salz und Pfeffer bestreuen und mit Olivenöl besprenkeln. Im Backofen etwa 45 Minuten rösten, bis die Haut der Aubergine Blasen wirft und kross wird. Alles abkühlen lassen.
3 Die Enden der Aubergine abschneiden und entfernen. Aubergine, Zwiebel, Frischkäse, Knoblauch und Chilipulver in einer Küchenmaschine oder einem Mixer zu einem glatten Brei verarbeiten.
4 Die Pastete mit Salz und Pfeffer sowie mit Zitronen- oder Limettensaft abschmecken.

Käse-Zwiebel-Beignets

47

Zwiebel-Hähnchen-Satay

*Für ein Barbecue gehören diese Spieße wohl zum Leckersten, wobei Hähnchen-
und Schweinefleisch gleichermaßen delikat sind. Die Holzspieße zunächst
in Wasser legen, damit sie während des Bratens nicht verbrennen.*

4 Portionen

frische Ingwerwurzel,
   geschält
2 Schalotten, fein gehackt
2 Stängel Zitronengras,
   zerstoßen und fein gehackt
2 EL Erdnusscreme
1 TL gemahlene Kurkuma
1 EL Demerarazucker
1/2 TL Salz
450 g Hühnerbrustfilet
   oder Schweinefilet, in kleine
   Stücke geschnitten

Zubereitungszeit: 15 Minuten, 2 Stunden zum Marinieren   Garzeit: 10 Minuten

1 Den Ingwer reiben und die Raspeln mit der Hand ausdrücken. Den Saft in einem
Mixer oder einer Schüssel auffangen, die Raspeln entfernen. Schalotten, Zitronengras,
Erdnusscreme, Kurkuma, Zucker und Salz zugeben. Das Ganze zu einem glatten Brei
verrühren, gegebenenfalls etwas Wasser hinzufügen.
2 Das Hühner- oder Schweinefleisch in einer kleinen Schüssel etwa 2 Stunden in der
Sauce marinieren. Das Fleisch ein- oder zweimal wenden.
3 Währenddessen 16 Holzspieße etwa 30 Minuten in Wasser legen. Dann die
Fleischstücke auf die Spieße stecken – nicht zu dicht, damit das Fleisch rasch
garen kann.
4 Die Spieße auf jeder Seite 3 bis 4 Minuten über einem mittelheißen Holzgrill oder
im Backofengrill garen. Die Garzeit hängt von der Größe der Fleischstücke ab.
Die Spieße heiß mit Gurken-Chili-Salat servieren.

Salate

*Ob mit Zimt gewürzt und pfannengerührt,
ob mit Saucen, heißer Ente oder eingelegten Heringen kombiniert
– Zwiebeln und Salate sind ein ideales Paar,
dem die unterschiedlichen Knollen Geschmack,
knackigen Biss und Frische verleihen.*

Zwiebel-*Raita*

4 Portionen

2 EL Pflanzenöl

1 Zwiebel,
  in dünne Ringe geschnitten

1 TL Kreuzkümmelsamen

1 rote Zwiebel,
  in dünne Ringe geschnitten

1 kleiner roter Chili,
  entkernt und fein gehackt

2–3 EL frischer Koriander,
  gehackt

350 g Naturjoghurt

Salz und schwarzer Pfeffer

Ein erfrischender Salat zu gebratenen Gerichten oder einem Steak und eine kühle Beilage zu vielen indischen Speisen.

Zubereitungszeit: 5 Minuten   Garzeit: 5 Minuten

1 Das Öl in der Pfanne erhitzen. Die Zwiebel zugeben und 3 bis 4 Minuten weich, aber nicht braun dünsten. Die Kreuzkümmelsamen hinzufügen und alles 2 bis 3 Minuten goldbraun dünsten. Das Ganze in eine Schüssel geben.
2 Die restlichen Zutaten unterheben und den Salat mit Salz und Pfeffer abschmecken. Damit sich das Aroma entfalten kann, den Salat vor dem Servieren 10 bis 15 Minuten durchziehen lassen.

Tomaten-*Zwiebel-Salsa*

Die verschiedenen Tomaten und Zwiebeln geben dieser einfachen Salsa ihre Farbe und die feine geschmackliche Note.

Zubereitungszeit: 15 Minuten

1 Eine kleine beschichtete Pfanne erhitzen und die Kreuzkümmelsamen etwa 30 Sekunden trocken darin rösten, bis sie aromatisch duften. Den Kreuzkümmel auf ein Holzbrett geben, mit einem Stößel oder dem runden Ende eines Nudelholzes leicht zerdrücken und in eine Schüssel geben.
2 Die Tomaten und Zwiebeln hinzufügen.
3 Das Ganze mit Salz und Pfeffer abschmecken, das Öl und den Essig zugeben und alles vermischen. Mindestens 1 Stunde ziehen lassen; dann die Petersilie unterrühren und die Salsa servieren.

4 Portionen

1 TL Kreuzkümmelsamen
2 rote und 2 gelbe Tomaten, gehackt
8 Kirsch- oder Cocktailtomaten, halbiert
1 rote Zwiebel, gehackt
6 Frühlingszwiebeln, gehackt
Salz und schwarzer Pfeffer
2 EL Olivenöl
2 EL Weißweinessig
2 EL frische Petersilie, gehackt

Vier-Zwiebeln-*Salsa*

Für wahre Zwiebelfans! Als Vorspeise zu einer indischen Mahlzeit schmeckt die Salsa hervorragend zu Poppadoms. Der kühle Joghurt bietet einen interessanten Kontrast zu den heißen Zwiebeln.

Zubereitungszeit: 15 Minuten

1 Eine kleine Pfanne erhitzen und die Zwiebelsamen etwa 30 Sekunden trocken darin rösten, bis sie aromatisch duften. Die Samen in eine Schüssel geben.
2 Die Zwiebeln hinzufügen und das Ganze mit Salz und Pfeffer abschmecken.
3 Den Joghurt und die saure Sahne vermengen und löffelweise zu den Zwiebeln geben. Alles gut verrühren. Als Beilage zu würzigen Gerichten servieren.

4 Portionen

2 EL Zwiebelsamen
2 rote Zwiebeln, in dünne Ringe geschnitten
4 Frühlingszwiebeln, in dünne Ringe geschnitten
4 Silberzwiebeln oder Schalotten, in 6 oder 8 Stücke geschnitten
Salz und schwarzer Pfeffer
125 g Naturjoghurt
125 g saure Sahne

Tomaten-Aprikosen-*Salat mit Zimtzwiebeln*

4 Portionen

60 g Mandeln, blanchiert
2 EL Olivenöl
2 große Zwiebeln,
   in dünne Ringe geschnitten
1 TL gemahlener Zimt
Salatblätter
4 reife Tomaten, geviertelt
225 g getrocknete Aprikosen,
   gehackt
Salz und schwarzer Pfeffer
frische Petersilie, gehackt,
   zum Garnieren

*Tomaten und getrocknete Aprikosen ergeben einen schmackhaften Salat,
der von in Zimt gebratenen Zwiebeln bekrönt wird. Auberginen- oder
Kichererbsendips schmecken dazu ebenso hervorragend wie warme flache Brote.*

Zubereitungszeit: 15 Minuten   Garzeit: 10 Minuten

1 Eine große Pfanne erhitzen und die Mandeln 2 bis 3 Minuten trocken darin rösten,
bis sie leicht gebräunt sind. Die Mandeln in einer Schüssel abkühlen lassen.
2 Das Öl in der Pfanne erhitzen. Die Zwiebeln und den Zimt dazugeben und 5 bis
6 Minuten dünsten, bis die Zwiebeln weich sind und zu bräunen beginnen.
3 Die Salatblätter in eine Schüssel geben. Die Tomaten und die Aprikosen hinzufügen
und das Ganze leicht mit Salz und Pfeffer abschmecken.
4 Die Zwiebeln ebenfalls mit Salz und Pfeffer abschmecken und samt dem Sud
zum Salat geben. Alles gut vermischen, reichlich mit Petersilie bestreuen und sofort
servieren.

Herings-*Zwiebel-Salat*

Zwiebeln mit Heringen und saurer Sahne – ein typisch skandinavisches Gericht, das als Brunch oder Mittagessen gereicht werden kann. Eine Zutat kann Roggen sein, der 2 bis 3 Minuten mit den Heringen gebraten wird.

Zubereitungszeit: 20 Minuten   Garzeit: 10 Minuten

1 Die Fischfilets mit Salz und Pfeffer bestreuen und im Mehl wenden.
2 Das Öl in einer großen Pfanne erhitzen. Die Filets mit der Hautseite nach oben dazugeben und je nach Größe 3 bis 4 Minuten braten.
3 Den Salat und die Kresse auf den Tellern verteilen. Die Apfelscheiben in Zitronensaft schwenken und auf die Salatblätter geben.
4 Die Zwiebelringe auf dem Salat verteilen.
5 Die Fischfilets in mundgerechte Stücke schneiden und auf den Salat legen.
Die saure Sahne darauf verteilen, das Ganze mit den gehackten Frühlingszwiebeln bestreuen und servieren.

4 Portionen

4 große Heringe oder
  2 Makrelen, filetiert
Salz und schwarzer Pfeffer
4 EL Weizen- oder Vollkornmehl
3 EL Erdnussöl
2 Köpfe Salat, in mundgerechte
  Stücke zerteilt
2 Handvoll Kresse
1 großer Apfel, entkernt
  und in Scheiben geschnitten
1 EL Zitronensaft
1 rote Zwiebel,
  in Ringe geschnitten
4 EL saure Sahne
1–2 Frühlingszwiebeln,
  fein gehackt

Zwiebel-*Champignon-Salat*

2 Portionen

3 EL Olivenöl
1 mittelgroße Zwiebel,
   gehackt
300 g braune Champignons,
   in dicke Scheiben geschnitten
Salz und schwarzer Pfeffer
2 EL frische Petersilie,
   gehackt
Salatblätter zum Anrichten
1 EL Schalotten-
   oder Sherryessig

Sind keine braunen Champignons erhältlich, können auch weiße verwenden werden. Wer selbst Pilze sammelt, sollte sorgfältig darauf achten, dass sich keine ungenießbaren oder gar giftigen darunter befinden.

Zubereitungszeit: 10 Minuten   Garzeit: 10 Minuten

1 Das Öl in einer Pfanne erhitzen. Die Zwiebel dazugeben und 4 bis 5 Minuten weich und glasig dünsten.
2 Die weniger zarten Pilze zuerst zugeben und alles etwa 2 Minuten garen. Dann die restlichen Pilze hinzufügen und das Ganze etwa 3 Minuten braten.
3 Alles mit Salz und Pfeffer abschmecken und reichlich mit gehackter Petersilie bestreuen. Dann die Salatblätter auf den Tellern anrichten. Die Pilze und die Zwiebel mit einem Schaumlöffel aus der Pfanne nehmen und auf die Salatblätter geben.
4 Den Essig in den verbliebenen Zwiebelsud in der Pfanne gießen und gegebenenfalls noch etwas Öl zugeben. Das Ganze aufkochen lassen, löffelweise über den Salat geben und sofort servieren.

Zwiebel-*Orangen-Salsa*

4 Portionen

1 unbehandelte Orange
2 Tomaten, gehackt
1/2 rote Zwiebel
4 Frühlingszwiebeln,
   fein gehackt
1 kleiner grüner Chili,
   entkernt und fein gehackt
1 grüne Paprikaschote,
   entkernt und gehackt
2 EL frischer Koriander, gehackt
Salz und schwarzer Pfeffer
Salatblätter zum Anrichten
   (nach Belieben)

Diese Salsa passt hervorragend zu Blattsalaten sowie auf Grüne-Bohnen-Suppe oder als Garnierung zu Bohneneintöpfen.

Zubereitungszeit: 20 Minuten

1 Die Orange schälen. Von der Schale einige dünne Streifen abschneiden und zum Garnieren beiseite legen. Die Orange filetieren, die weiße Haut und die Kerne entfernen und das Fruchtfleisch mundgerecht zerteilen.
2 Die Orangenstücke mit allen Zutaten vermischen und das Ganze gut mit Salz und Pfeffer abschmecken. Die Salsa etwa 1 Stunde durchziehen lassen und nach Belieben auf einem Bett aus Salatblättern servieren.

Zwiebel-Orangen-*Tomaten-Salat*

Ein vorzüglicher Salat zu Fischgerichten, mit einer geschmacklich genau darauf abgestimmten Vinaigrette.

Zubereitungszeit: 15 Minuten

1 Den Rucola, die Kresse und den Chicorée in eine große Schüssel geben. Die weiße Haut und die Kerne der Orangen entfernen. Die Fruchtstücke halbieren, mit den Tomaten und den Frühlingszwiebeln vermischen und das Ganze mit Salz und Pfeffer abschmecken.

2 Die Zutaten für die Vinaigrette gut verrühren. Die Vinaigrette löffelweise über den Salat geben, alles vermengen und servieren.

4 Portionen

2 Handvoll Rucola
2 Handvoll Kresse
2 Chicoréestauden,
   in dünne Ringe geschnitten
1 Orange,
   geschält und filetiert
4 reife Tomaten,
   in Stücke geschnitten
6 Frühlingszwiebeln,
   fein gehackt
Salz und schwarzer Pfeffer

Vinaigrette
4 EL Olivenöl
1 EL Weißweinessig
1 EL Dijonsenf
Salz und schwarzer Pfeffer
Zitronensaft zum Abschmecken

Heißer Chinesischer Enten-*Zwiebel-Salat*

2 Portionen

2 Entenbrustfilets
grobes Meersalz
8–10 Frühlingszwiebeln,
  geputzt
1 EL Sesamsamen
frische Ingwerwurzel (2,5 cm),
  geschält und geraspelt
1 Knoblauchzehe,
  fein gehackt
2 frische rote Chillies,
  geraspelt
1/2 Chinesischer Senfkohl
  (Pak Choi), geraspelt
2 kleine Köpfe Chinakohl,
  geraspelt
4 El dunkle Sojasauce
2 EL trockener Sherry

Diese elegante Speise ist eine Mischung aus einem Salat und einem pfannengerührten Gericht – und äußerst wohlschmeckend!

Zubereitungszeit: 10 Minuten   Garzeit: 40 Minuten

1 Den Backofen auf 220 °C vorheizen. Die Entenbrustfilets mit Salz einreiben und im vorgeheizten Backofen 25 bis 30 Minuten garen, je nachdem, wie durchgebraten das Fleisch sein soll.
2 4 bis 6 Frühlingszwiebeln der Länge nach tief einschneiden und in eine Schüssel mit Wasser geben. Die restlichen Zwiebeln grob hacken.
3 Einen Wok erhitzen und die Sesamsamen einige Sekunden trocken darin rösten, bis sie gebräunt sind.
4 Die Filets aus dem Backofen nehmen und etwa 5 Minuten abkühlen lassen.
2 Esslöffel heißes Fett in den Wok geben. Darin den Ingwer und den Knoblauch einige Sekunden unter ständigem Rühren rösten, dann die gehackten Frühlingszwiebeln zugeben und alles etwa 1 Minute dünsten. Die Chillies, den Senfkohl und den Chinakohl hinzufügen und das Ganze unter ständigem Rühren 2 bis 3 Minuten weiter dünsten. Danach die Sesamsamen und eine gute Prise Salz dazugeben und alles gut vermengen. Das Gemüse mit einem Schaumlöffel herausnehmen und auf zwei vorgewärmte Teller verteilen.
5 Für das Dressing die Sojasauce und den Sherry in den Wok geben und aufkochen lassen. In der Zwischenzeit die Filets in mundgerechte Stücke schneiden und auf das Gemüse legen. Das Dressing über den Salat gießen und das Ganze mit den eingeweichten, abgetropften Frühlingszwiebeln garnieren. Sofort servieren.

Heißer Chinesischer Enten-Zwiebel-Salat

Mexikanischer Zwiebelsalat

3–4 Portionen

450 g Rinderhackfleisch

2 TL mildes Chilipulver

1 EL passierte Tomaten

150 ml Rinderbrühe

2 Köpfe Salat, in mund-
  gerechte Stücke zerteilt

2 Tomaten,
  in Stücke geschnitten

1 roter Chili, entkernt
  und fein gehackt

1 grüne Paprikaschote,
  entkernt und geraspelt

1 reife, feste Avocado

Saft von 1 unbehandelten
  Limette

2–3 EL Vinaigrette

1 rote Zwiebel, in dünne
  Ringe geschnitten

Tortillachips zum Servieren

Dieser Salat kann als Hauptgericht gereicht werden.
Ein kühles Bier ist die ideale »Beilage«.

Zubereitungszeit: 15 Minuten   Garzeit: 30 Minuten, 30 Minuten zum Abkühlen

1 Eine beschichtete Pfanne erhitzen und das Hackfleisch darin bräunen. Das Chilipulver, die passierten Tomaten und die Rinderbrühe zugeben und alles aufkochen lassen. Das Ganze etwa 20 Minuten köcheln und dann abkühlen lassen.
2 Die Salatblätter auf einer großen Platte anrichten und das gewürzte Hackfleisch darauf verteilen. Die Tomaten, den Chili und die Paprikaschote auf das Fleisch geben.
3 Die Avocado schälen, den Kern entfernen und die Frucht in Scheiben schneiden. Die Scheiben in Limettensaft schwenken und auf den Salat legen.
4 Das Ganze etwas mit Vinaigrette beträufeln und mit den Zwiebelringen garnieren. Mit Tortillachips servieren.

Mixed-Pickles-*Salat*

4 Portionen

6 neue Kartoffeln,
  gekocht und gehackt

250 g Mixed Pickles (Zwiebeln,
  Essiggurken und Toma-
  tenpaprika), grob gehackt

1 rote Zwiebel, gehackt

6 Frühlingszwiebeln, gehackt

Salz und schwarzer Pfeffer

etwa 4 EL Mayonnaise

Mit diesem Salat als Beilage werden selbst die langweiligsten vom Vortag
übrig gebliebenen Speisen zu einer schmackhaften Mahlzeit aufgewertet.

Zubereitungszeit: 10 Minuten

1 Die Kartoffeln in eine Schüssel geben. Die Mixed Pickles und die Zwiebeln hinzufügen und das Ganze mit Salz und Pfeffer abschmecken.
2 Die Mayonnaise unterrühren und den Salat servieren.

Zwiebel-*Caponata*

Die Caponata – eine Gemüsevorspeise mit Auberginen – bekommt durch das Hinzufügen von Zwiebeln einen ganz speziellen Reiz.

Zubereitungszeit: 45 Minuten   Garzeit: 30 Minuten

1 Die Auberginen auf ein Sieb geben, reichlich mit Salz bestreuen und etwa 30 Minuten ruhen lassen. Unter fließend kaltem Wasser gründlich abspülen und mit Küchenpapier trockentupfen.
2 Den größten Teil des Öls in einer großen Pfanne erhitzen, die Auberginen zugeben und 10 bis 12 Minuten goldgelb braten. In einer weiteren Pfanne das restliche Öl erhitzen, Zwiebeln, Pickles, Kapern und Oliven hinzufügen und bei geringer Hitze etwa 10 Minuten weich dünsten. Den Zucker und den Essig dazugeben und alles leicht köcheln, bis sich der Essiggeruch verflüchtigt hat.
3 Das überschüssige Öl von den Auberginen abgießen. Das gewürzte Gemüse und die Pinienkerne zu den Auberginen geben, das Ganze vermischen und gegebenenfalls etwas Salz hinzufügen. Warm oder kalt servieren.

4 Portionen

2 große Auberginen, in 1,2 cm
    große Würfel geschnitten
Salz
125 ml Olivenöl
2 rote Zwiebeln,
    in Ringe geschnitten
40 g Mixed Pickles
    (Zwiebeln, Essiggurken,
    Paprikaschoten usw.), gehackt
40 g Kapern
60 g grüne Oliven, entsteint
1 EL Zucker
150 ml Rotweinessig
2 EL Pinienkerne

Gewürzter Rindfleisch-*Zwiebel-Salat*

2 Portionen

3 EL Chili- oder Erdnussöl
180 g mageres Rindfleisch,
  in dünne Scheiben und
  dann in 2 cm breite Streifen
  geschnitten
3 kleine Köpfe Chinakohl,
  in dicke Streifen geschnitten
1 große Karotte, gehackt
6 Frühlingszwiebeln, in 4 cm
  große Stücke geschnitten
1 EL eingelegter Ingwer,
  gehackt
1 TL frische scharfe Chilipaste
Sojasauce zum Abschmecken
Salz
Salatblätter zum Anrichten

Mit den Rindfleischstreifen ist dieser Salat rasch fertig gestellt, obgleich er so raffiniert schmeckt, als hätte die Zubereitung Stunden gedauert.

Zubereitungszeit: 10 Minuten   Garzeit: 5 Minuten

1 Einen Wok erhitzen, das Öl und das Rindfleisch hineingeben. Das Fleisch 1 bis 2 Minuten unter ständigem Rühren anbraten. Die dickeren Stücke des Chinakohls, die Karotte und die Frühlingszwiebeln hinzufügen und das Ganze etwa 2 Minuten unter ständigem Rühren weiter braten.
2 Den eingelegten Ingwer, die Chilipaste und den restlichen Chinakohl zugeben und alles etwa 1 Minute dünsten.
3 Das Ganze mit Sojasauce und Salz abschmecken. Die Salatblätter zu einem Salatbett anrichten und das Rindfleischgemüse samt dem Saft löffelweise darauf verteilen. Sofort servieren.

*Zwiebel-*Kraut-Salat

6 Portionen

1/2 kleiner Kopf Weißkohl,
  geraspelt
3 große Karotten,
  geschält und geraspelt
1 rote Zwiebel, fein gehackt
4 Frühlingszwiebeln,
  in dünne Ringe geschnitten
Salz und schwarzer Pfeffer
125 g Mayonnaise
6 EL Naturjoghurt

Zwiebeln gehören in einen Krautsalat, der am Tag nach der Zubereitung meist besser schmeckt, da er dann richtig durchgezogen ist.

Zubereitungszeit: 15 Minuten

1 Weißkohl, Karotten, Zwiebeln und Frühlingszwiebeln in einer großen Schüssel vermengen und mit Salz und Pfeffer abschmecken.
2 Die Mayonnaise mit dem Joghurt vermischen und das Dressing über das Gemüse geben. Das Ganze kräftig durchrühren.

Zwiebel-*Chili-Tabbouleh*

Tabbouleh, ein Salat aus Bulgur, wird gewöhnlich mit Kräutern gewürzt. In dieser Variation sorgen Zwiebeln und Chillies für einen kräftigen Geschmack.

Zubereitungszeit: 40 Minuten

1 Den Bulgur in eine Schüssel geben, mit kochendem Wasser übergießen und etwa 30 Minuten ziehen lassen. Dann das Wasser abgießen und den Bulgur in einem feinen Sieb oder einem sauberen Geschirrtuch trockenpressen.
2 Den Bulgur in eine große Schüssel geben und mit den restlichen Zutaten vermischen. Das Ganze bei Zimmertemperatur servieren.

6 Portionen

175 g feinen Bulgur
450 ml kochendes Wasser
6 Frühlingszwiebeln,
    fein gehackt
1 rote und 1 grüne
    Paprikaschote, entkernt
    und fein gehackt
1/2 Gurke,
    geschält und fein gewürfelt
1 Kästchen Kresse, gehackt
Saft von 1/2 unbehandelten
    Zitrone
Salz und schwarzer Pfeffer
4 EL Olivenöl

Caesarsalat *mit Schalotten*

2 Portionen als Hauptgericht
oder
4 Portionen als Vorspeise

8 EL Parmesanraspel,
  frisch gerieben
2 Köpfe Salat, in mundgerechte
  Stücke zerteilt
2 EL Olivenöl
2 Schalotten, fein gehackt
2 große Eier, verquirlt
2–3 EL Crème fraîche
Salz und schwarzer Pfeffer

Wenn es nichts anderes als Caesarsalat sein darf, die Gäste jedoch keinen Knoblauch mögen, wird stattdessen guter Parmesan verwendet.

Zubereitungszeit: 5 Minuten   Garzeit: 15 Minuten

1 Eine große beschichtete Pfanne erhitzen, den Parmesan in 8 kleinen Portionen hineingeben und 1 1/2 bis 2 Minuten goldbraun braten. Mit dem Pfannenheber wenden und die andere Seite ebenfalls braten. Auf einem Kuchengitter abkühlen lassen.
2 Den Salat in eine große Schüssel geben.
3 Das Öl in der Pfanne erhitzen, die Schalotten hinzufügen und weich, aber nicht braun dünsten. Die Eier und die Crème fraîche kräftig verrühren und in die Pfanne gießen. Das Ganze bei geringer Hitze leicht stocken lassen.
4 Den gebratenen Parmesan in kleine Stücke brechen und die Käsestücke zum Salat geben. Alles mit Salz und Pfeffer abschmecken und mit dem Eidressing vermengen.

Fleisch und Fisch
Hauptgerichte

Das intensive Aroma von langsam
gebratenen Zwiebeln passt hervorragend zu Schmorbraten,
wohingegen kurz gebratene oder gar rohe Zwiebeln den
Eigengeschmack von Fisch- und Geflügelgerichten unterstützen.
Ob sie den Geschmack vorgeben oder verstärken –
Zwiebeln sind für viele Speisen unentbehrlich.

Fleisch-*Zwiebel-Pastete*

4 Portionen

6 EL Butter oder Margarine

350 g Schmorfleisch vom Rind
(Kamm oder Schulter),
in 6 mm große Würfel
geschnitten

140 g Kartoffeln, gewürfelt

1 mittelgroße Zwiebel,
fein gehackt

Salz und schwarzer Pfeffer

350 g Mehl, gesiebt

In Cornwall seit langem ein traditionelles Gericht:
Fleisch und Gemüse im Teigmantel.

Zubereitungszeit: 45 Minuten   Garzeit: 1 Stunde 15 Minuten

1 Den Backofen auf 220 °C vorheizen. Ein Backblech dünn mit Butter oder Margarine bestreichen.

2 Das Schmorfleisch mit den Kartoffeln und den Zwiebeln vermischen, gut mit Salz und Pfeffer würzen.

3 Das Mehl mit einer guten Prise Salz vermengen und mit der restlichen Butter oder Margarine verrühren, bis grobe Streusel entstehen. Etwas kaltes Wasser dazugeben und das Ganze zu einem glatten Teig verkneten. Den Teig in 4 Portionen teilen. Die Portionen auf einer leicht bemehlten Arbeitsfläche zu Kreisen von etwa 20 cm Durchmesser ausrollen und entlang eines Tellerrandes abschneiden.

4 Die Fleisch-Gemüse-Mischung auf die Teigkreise verteilen und deren Kanten mit etwas Wasser anfeuchten. Den Teig über der Füllung zusammenschlagen und die Kanten sorgfältig zusammendrücken. Die Pasteten auf das gefettete Backblech legen.

5 Etwa 15 Minuten im vorgeheizten Backofen backen, dann die Temperatur auf 170 °C reduzieren und das Ganze noch etwa 1 Stunde garen. Die Pasteten heiß oder kalt servieren – kalt sind sie ein hervorragender Picknickschmaus.

Gedünsteter geräucherter Schellfisch an süßer Zwiebel-*Creme-Sauce*

4 Portionen

2 EL Olivenöl

2 große süße Zwiebeln,
in dünne Ringe geschnitten

4 geräucherte Schellfischfilets
(à 175 g)

150 ml Gemüse- oder
Fischbrühe

3 EL Crème fraîche

Salz und schwarzer Pfeffer

1–2 EL frischer Schnittlauch,
geschnitten

Nicht jede Zwiebel ist geeignet für Fisch, doch süße Zwiebeln
heben den feinen Geschmack von delikatem Fisch ausgezeichnet hervor.

Zubereitungszeit: 10 Minuten   Garzeit: 20 Minuten

1 Das Öl in einer Pfanne erhitzen. Die Zwiebeln hinzufügen und 5 bis 8 Minuten weich und goldbraun dünsten.

2 Die Schellfischfilets auf die Zwiebeln geben, die Brühe dazugießen und das Ganze zugedeckt etwa 5 Minuten – oder bis der Fisch gar ist – leicht köcheln.

3 Die Fischfilets vorsichtig aus der Pfanne heben und zur Seite stellen. Die Zwiebeln mit einem Schaumlöffel herausnehmen und auf 4 vorgewärmte Teller verteilen. Die Fischfilets auf die Zwiebeln legen und alles warm halten.

4 Den Zwiebelsud aufkochen und eindicken lassen, dann die Crème fraîche einrühren. Die Sauce mit Salz und Pfeffer abschmecken, mit dem Schnittlauch bestreuen und löffelweise über die Fischfilets geben. Das Ganze sofort servieren.

Fleisch-Zwiebel-Pastete

*Wurst-Zwiebel-***Ei-Pastete**

Ein wohlschmeckendes Wintergericht.

Die Würste können ganz nach Belieben auch durch Schinken ersetzt werden.

6–8 Portionen

2 große Zwiebeln, in 4
    oder 6 Stücke geschnitten
250 ml Wasser
1/2 TL gemahlener Macis
    oder 2 Lorbeerblätter
250 ml Milch
3 EL Butter
2 EL Mehl
Salz und schwarzer Pfeffer
6–8 dicke Würste, in 4 cm
    lange Stücke geschnitten
4 hart gekochte Eier, geviertelt
2 EL Kapern (nach Belieben)

Teig
180 g Mehl
Salz
2 EL Butter

Zubereitungszeit: 45 Minuten   Garzeit: 45 Minuten

1 Die Zwiebeln, das Wasser und den Macis oder die Lorbeerblätter in einen Topf geben, aufkochen lassen und zugedeckt etwa 15 Minuten – oder bis die Zwiebeln gar sind – köcheln. Die Gewürze entfernen und die Milch, die Butter und das Mehl einrühren. Das Ganze zum Kochen bringen und unter ständigem Rühren einkochen lassen. Alles mit Salz und Pfeffer abschmecken, vom Herd nehmen und etwas abkühlen lassen.

2 Den Backofen auf 200 °C vorheizen. Eine beschichtete Pfanne erhitzen und die Würste darin rundum anbraten. Die Zwiebelsauce, die Eier und die Kapern (nach Belieben) zugeben und alles vermischen.

3 Für den Teig das Mehl mit dem Salz vermengen und die Butter einrühren, bis grobe Streusel entstehen. Ausreichend kaltes Wasser zugeben und das Ganze zu einem glatten Teig verkneten. Den Teig auf einer bemehlten Arbeitsfläche ausrollen, die Zwiebel-Wurst-Mischung darauf geben und den Teig über der Füllung zusammenschlagen. Die Teigdecke in der Mitte mit einem Messer durchstechen, damit der Dampf, der während des Backens entsteht, entweichen kann und der Teig knusprig wird. Die Pasteten auf ein Backblech geben.

4 Im vorgeheizten Backofen etwa 45 Minuten backen.

Hähnchenschmorbraten *mit Zwiebeln*

Ein einfaches Mahl mit ausgezeichnetem Zwiebelaroma.

Der beliebte Schmorbraten ist an sich ein komplettes Gericht,

das keiner weiteren Beilage als Brot bedarf.

Zubereitungszeit: 25 Minuten   Garzeit: 1 Stunde 45 Minuten

4–6 Portionen

1 Das Öl in einem Bräter erhitzen. Die Schalotten dazugeben und rundum anbräunen, mit einem Schaumlöffel herausnehmen und beiseite stellen.

2 Das Hähnchen im Bräter rundum anbraten. Die geviertelten Zwiebeln rund um das Hähnchen in den Bräter drücken, den Thymian und die Zitronenschale zugeben.

3 Das Hähnchen gut mit Salz und Pfeffer würzen. Die Brühe und den Safran vermischen und zugießen. Das Ganze aufkochen lassen und mit einem fest schließenden Deckel zudecken. Die Hitze reduzieren und alles etwa 45 Minuten leicht köcheln.

4 Das Hähnchen wenden. Die Schalotten zugeben und alles bedeckt weitere 45 Minuten – oder bis das Hähnchen gar ist – köcheln. Die Garprobe machen: Fließt beim Einstechen in das Fleisch klares Fett heraus, ist das Hähnchen fertig.

5 Das Hähnchen herausnehmen, gut abtropfen lassen und auf einen vorgewärmten Teller legen.

6 Die Frühlingszwiebeln in die Sauce geben, alles kurz aufkochen lassen und köcheln, bis die Sauce eingedickt ist. Mit Salz und Pfeffer abschmecken.

7 Das Hähnchen zerteilen und die Zwiebeln mit der Sauce löffelweise darauf verteilen. Sofort servieren.

3 EL Olivenöl

12–15 Schalotten, geschält

1 küchenfertiges Hähnchen,
  etwa 1,8 kg

2 große gelbe Zwiebeln
  und 2 rote Zwiebeln,
  geschält und geviertelt

3–4 große Thymianzweige

4 große Streifen geschälte
  unbehandelte Zitronenschale

Salz und schwarzer Pfeffer

250 ml Hühner-
  oder Gemüsebrühe

1 Msp. Safran

8 Frühlingszwiebeln,
  fein gehackt

Lamm-*Zwiebel-Curry*

6 Portionen

1 kg Zwiebeln, gehackt

frische Ingwerwurzel (4 cm),
  geschält und gehackt

6 Knoblauchzehen

1 EL schwarze Pfefferkörner

2 EL Koriandersamen

1 EL Kreuzkümmelsamen

1 TL grüne Kardamomschoten
  oder 1/2 TL gemahlener
  Kardamom

2 EL Öl

1 kg mageres Lammfleisch
  ohne Knochen, in 4 cm große
  Würfel geschnitten

2 TL gemahlene Kurkuma

3 getrocknete rote Chillies

2 TL Salz

1 EL Essig

250 ml Wasser

1 TL Garam Masala
(indische Gewürzmischung)

5 EL Kokosnusscreme

150 g Crème fraîche

frischer Koriander,
  zum Garnieren

*Zwiebeln sind ein Muss in jedem Curry. Für eine reichhaltige,
würzige Sauce verarbeitet man die Zwiebeln am besten zu einem Püree.*

Zubereitungszeit: 30 Minuten   Garzeit: 1 Stunde 30 Minuten

1 Die Zwiebeln, den Ingwer und den Knoblauch in einer Küchenmaschine oder einem Mixer zu einem glatten Brei pürieren.

2 Eine große Pfanne erhitzen und Pfefferkörner, Koriandersamen, Kreuzkümmelsamen und Kardamom etwa 30 Sekunden trocken darin rösten, bis sie angenehm duften. Das Ganze in einen Mörser oder eine kleine Schüssel geben und etwas abkühlen lassen.

3 Das Öl in der Pfanne erhitzen, das Lammfleisch dazugeben und rundum leicht anbräunen – es muss nicht tiefbraun sein. Das Zwiebelpüree hinzufügen und alles 4 bis 5 Minuten köcheln.

4 Die gerösteten Gewürze mit einem Stößel oder dem runden Ende eines Nudelholzes zerstoßen und mit der Kurkuma und den getrockneten Chillies zum Braten geben. Das Ganze 2 bis 3 Minuten weiter köcheln.

5 Das Salz, den Essig und das Wasser einrühren und alles schwach aufkochen lassen. Das Ganze zugedeckt etwa 1 Stunde – oder bis das Lamm gar ist – leise köcheln.

6 Den Garam Masala, die Kokosnusscreme und die Crème fraîche einrühren und alles offen etwa 30 Minuten kochen, bis das Lammfleisch fast zergeht und die Sauce eingedickt ist.

7 Gegebenenfalls mit etwas Salz abschmecken und vor dem Servieren mit frischem Koriander bestreuen.

Lamm-Zwiebel-Curry

Muscheln mit *Zwiebeln, Apfel und Cidre*

2 Portionen als Hauptgericht

oder

4 Portionen als Vorspeise

1 kg Miesmuscheln

2 EL Olivenöl

1 große Zwiebel,
  fein gehackt oder in dünne
  Ringe geschnitten

1 TL gemahlener Macis

1 Knoblauchzehe, fein gehackt

1 grüner Apfel,
  z. B. Granny Smith, entkernt
  und fein gehackt

250 ml Cidre

2 Lorbeerblätter

schwarzer Pfeffer

Zucker und Zitronensaft
  zum Abschmecken

2 EL Crème fraîche
  oder saure Sahne

2 EL frische Petersilie, gehackt

Muscheln sind eine Delikatesse, die ungemein vielfältig zubereitet werden kann.

Einfach köstlich sind sie mit Zwiebeln und Cidre gegart.

Zubereitungszeit: 15 Minuten   Garzeit: 10–12 Minuten

1 Die Muscheln unter fließend kaltem Wasser sorgfältig mit einer Bürste putzen. Die Bärte abschneiden und geöffnete Muscheln entfernen.
2 Das Öl in einer großen Pfanne erhitzen. Die Zwiebeln und den Macis zugeben und weich dünsten. Dann Knoblauch, Apfel, Cidre und Lorbeerblätter hinzufügen. Das Ganze schnell aufkochen lassen.
3 Die Muscheln hineingeben, die Pfanne zudecken und alles bei großer Hitze etwa 3 Minuten garen, bis sich die Muscheln geöffnet haben. Dabei an der Pfanne immer wieder etwas rütteln. Dann die Muscheln mit einem Schaumlöffel in eine vorgewärmte Schüssel geben. Alle geschlossenen Muscheln aussortieren, da sie nicht genießbar sind.
4 Den Sud schnell bis auf die Hälfte einkochen lassen. Vom Herd nehmen, mit Pfeffer, Zucker und Zitronensaft abschmecken und die Lorbeerblätter entfernen. Crème fraîche oder saure Sahne und Petersilie dazugeben.
5 Die Sauce über die Muscheln gießen und das Ganze sofort mit frischem Weißbrot servieren.

Leber *mit Zwiebeln*

4 Portionen

3 EL Olivenöl

2 große Zwiebeln,
  in Ringe geschnitten

600 g Leber, in dünne
  Scheiben geschnitten

schwarzer Pfeffer

2 EL Mehl

1 TL Senfpulver

Salz

250 ml Zwiebel-
  oder Gemüsebrühe

frische Petersilie, gehackt,
  zum Garnieren

Leber besitzt einen ausgezeichneten Geschmack – Lamm- oder Kalbsleber ist

ausgesprochen zart, Schweineleber kann beim Braten leicht trocken werden.

Karamellisierte Zwiebeln verwandeln die Speise in eine wahre Gaumenfreude.

Zubereitungszeit: 10 Minuten   Garzeit: 15 Minuten

1 Das Olivenöl in einer großen Pfanne erhitzen, die Zwiebeln dazugeben und 4 bis 5 Minuten andünsten. Die Leber mit Pfeffer würzen.
2 Das Mehl und das Senfpulver vermischen und die Leber darin wenden. Die Zwiebeln an den Rand schieben, die Leber in die Mitte der Pfanne geben und bei mittlerer Hitze auf jeder Seite 3 bis 4 Minuten braten – nicht zu stark da sie sonst zäh wird.
3 Die Leber mit Salz bestreuen und auf vorgewärmte Teller legen. Die Brühe zu den Zwiebeln gießen und das Ganze unter ständigem Rühren aufkochen lassen. Mit Salz und Pfeffer abschmecken. Gegebenenfalls noch etwas Brühe hinzufügen. Die Zwiebelsauce über die Leber gießen und das Ganze mit Petersilie bestreuen.

Muscheln mit Zwiebeln, Apfel und Cidre

Rindfleisch *mit Zwiebeln und Auberginen*

4 Portionen

2 EL Mehl

Salz und schwarzer Pfeffer

1 TL mildes Chilipulver

5 EL Olivenöl

4 Stücke Rindfleisch (à 175 g),
  aus der Keule

2 große Knoblauchzehen, in
  dünne Scheiben geschnitten

2 EL frischer Oregano, gehackt

400 g Tomaten
  aus der Dose, gehackt

450 ml Rinder-
  oder Gemüsebrühe

2 mittelgroße Auberginen,
  in 5 cm große Stücke
  geschnitten

1 große Zwiebel,
  in 6 Stücke geschnitten

1 rote Zwiebel,
  in 6 Stücke geschnitten

1 rote Paprikaschote,
  entkernt und gewürfelt

1 Knoblauchzehe, fein gehackt

8 Scheiben Pancetta
  (geräucherter Speck)
  oder dünne Scheiben
  Frühstücksspeck

frische Petersilie, gehackt,
  zum Garnieren

Ein perfektes Abendessen oder ein tolles Partygericht! Das Fleisch wird langsam im Backofen geschmort und mit einem schmackhaften Pfannengemüse serviert.

Zubereitungszeit: 15 Minuten   Garzeit: 3 Stunden 30 Minuten

1 Den Backofen auf 170 °C vorheizen. Mehl, Salz, Pfeffer und Chilipulver auf einem Teller vermischen und das Rindfleisch in dem gewürzten Mehl wenden.

2 3 Esslöffel Öl in einem Bräter erhitzen. Das Fleisch zugeben und auf beiden Seiten anbraten. Den Knoblauch, den Oregano und die Tomaten hinzufügen und alles mit Brühe bedecken. Das Ganze aufkochen lassen und im vorgeheizten Backofen etwa 3 Stunden – oder bis das Fleisch gar ist – schmoren.

3 Das restliche Öl in einem heißen Wok erhitzen, die Auberginen dazugeben und rasch bräunen. Die Zwiebel hinzufügen und alles etwa 3 Minuten dünsten. Dann die Paprikaschote und den Knoblauch zugeben und das Ganze unter ständigem Rühren etwa 2 Minuten garen.

4 Das Fleisch auf einen Teller legen, mit Alufolie abdecken und warm stellen. Das Gemüse zur Tomatensauce in den Bräter geben, alles aufkochen lassen und offen etwa 10 Minuten köcheln, bis das Gemüse bissfest und die Sauce gut eingedickt ist.

5 Den Wok erhitzen und den Pancetta oder den Frühstücksspeck ohne Fett darin knusprig braten.

6 Das Gemüse auf 4 vorgewärmte Teller verteilen, obenauf ein Stück Rindfleisch legen und löffelweise Sauce darüber geben. Mit Pancetta oder Speckstreifen und Petersilie garnieren und sofort servieren.

Kalbfleisch mit Zwiebeln und Thunfischmayonnaise

Ein leicht bekömmliches Sommergericht – hervorragend für eine gesellige Runde geeignet. Es kann bereits am Vortag zubereitet werden, sodass der Eigengeschmack des Fleisches und der Zwiebeln vorzüglich unterstützt wird.

Zubereitungszeit: 30 Minuten   **Garzeit: 2 Stunden**   **Kühlzeit: 12 Stunden**

1 Mit einem scharfen Messer das Kalbfleisch aufschneiden und aufklappen. Die Anchovis, 1 gehackte Zwiebel und die Kapern mit einem Stößel zerdrücken oder mit dem Mixer zu einem dicken Brei verarbeiten. Das Ganze mit Pfeffer würzen und auf dem Kalbfleisch verteilen. Das Fleisch zusammenrollen, mit einem Baumwollfaden fest umwickeln und in einen Bräter geben.

2 Die restlichen Zwiebeln in den Bräter drücken, die Pfefferkörner und die Petersilie dazugeben und alles mit Brühe bedecken.

3 Das Ganze aufkochen lassen, dann halb zugedeckt etwa 2 Stunden leise köcheln, bis das Fleisch gar ist und abkühlen lassen.

4 Das Kalbfleisch samt der Brühe kühl stellen (am besten über Nacht im Kühlschrank lagern). Vor dem Servieren das Fleisch in Scheiben schneiden.

5 Für die Mayonnaise den Thunfisch, die Anchovis und die Schalotte mit dem Tomatenpüree, dem Zitronensaft und der Mayonnaise verrühren. Das Ganze mit Salz und Pfeffer – womöglich bedarf es nur des Pfeffers – abschmecken. Die Petersilie unterheben und die Thunfischmayonnaise löffelweise über das Kalbfleisch geben.

6–8 Portionen

1,2 kg Kalbfleisch ohne Knochen

6 Anchovisfilets, gehackt

3 Zwiebeln, fein gehackt

2 EL Kapern, grob gehackt

schwarzer Pfeffer

6 schwarze Pfefferkörner

4 große Stängel Petersilie

500 ml Hühner-
   oder Gemüsebrühe

Thunfischmayonnaise

100 g Thunfisch
   aus der Dose, abgetropft

6 Anchovisfilets

1 Schalotte, fein gehackt

1 EL Tomatenpüree

Saft von 1 unbehandelten Zitrone

250 ml Mayonnaise

Salz und schwarzer Pfeffer

2 EL glatte Petersilie,
   frisch gehackt

Schweinefleisch *mit glasierten Zwiebeln und Äpfeln*

4 Portionen

1 EL Butter

4 EL Olivenöl

2 Äpfel, entkernt und jeweils in
   4 dicke Scheiben geschnitten

1 EL Zucker

1 süße und 1 rote Zwiebel,
   in dicke Ringe geschnitten

1 EL Mehl

Salz und schwarzer Pfeffer

1 EL Koriandersamen,
   zerstoßen

500 g Schweinelende, in dicke
   Scheiben geschnitten

150 ml Gemüsebrühe

2 Lorbeerblätter

150 g Crème fraîche

frischer Schnittlauch,
   geschnitten, zum Garnieren

Eine ausgezeichnete Kombination unterschiedlicher Aromen, die aufgrund ihrer Schlichtheit über die Jahre hinweg zum Klassiker avancierte.

Zubereitungszeit: 15 Minuten   Garzeit: 15 Minuten

1 Die Butter und 2 Esslöffel Öl in einer großen Pfanne erhitzen. Die Apfelscheiben im Zucker wenden, im heißen Öl auf beiden Seiten schnell bräunen und auf einen Teller geben.

2 Die Zwiebeln zum Sud in die Pfanne geben, darin schwenken und kurz dünsten, bis sie braun und glänzend sind. Dann bei mittlerer Hitze unter häufigem Rühren etwa 5 Minuten weiterdünsten und auf einen Teller geben.

3 Das Mehl mit Salz, Pfeffer und Koriander vermengen und das Fleisch darin wenden. Das restliche Öl in der Pfanne erhitzen, das Fleisch dazugeben und rundum rasch anbraten. Die Gemüsebrühe und die Lorbeerblätter hinzufügen, das Ganze aufkochen lassen und etwa 5 Minuten köcheln.

4 Die gedünsteten Zwiebeln zum Fleisch geben, die Crème fraîche hinzufügen und alles etwa 5 Minuten köcheln.

5 Das Ganze mit Salz und Pfeffer abschmecken und mit den Apfelscheiben und dem Schnittlauch servieren.

Würziges Schweinefleisch *mit Zwiebeln, Chillies und Kokosnuss*

4 Portionen

2 EL Sonnenblumen-
   oder Erdnussöl

etwa 1 kg Schweinshaxe ohne
   Knochen

2 große Zwiebeln,
   geschält und geviertelt

1 TL gemahlene Kurkuma

2 scharfe rote Chillies,
   fein gehackt

2 TL frische Tamarindenpaste

3–4 Kaffir-Limetten-Blätter,
   fein gehackt, oder geriebene
   Schale von 2 unbehandelten
   Limetten

450 ml Milch

3 EL Kokosnusscreme

Salz und schwarzer Pfeffer

Ein durch und durch pikantes Schmorgericht mit einer modernen Kombination von Aromen. Hervorragend geeignet für Partys.

Zubereitungszeit: 20 Minuten   Garzeit: 2 Stunden 30 Minuten

1 Den Backofen auf 170 °C vorheizen.

2 Das Öl in einem Bräter erhitzen. Das Fleisch dazugeben, rundum anbraten und auf einen Teller legen.

3 Die Zwiebeln, die Gewürze und die Kaffir-Limetten-Blätter oder die Limettenschale in den heißen Bräter geben und das Ganze dünsten, bis die Zwiebeln bräunlich sind. Nach und nach die Milch dazugießen, dabei den Fond vom Boden des Topfes loskochen. Das Fleisch zurück in den Bräter geben.

4 Das Ganze kurz aufkochen lassen, dann zugedeckt im vorgeheizten Backofen 2 bis 2 1/2 Stunden – oder bis das Fleisch gar ist – schmoren. Den Braten herausnehmen, etwa 10 Minuten abkühlen lassen.

5 Die Kokosnusscreme mit den Zwiebeln und der Milch vermischen. Das Ganze mit Salz und Pfeffer würzen und vor dem Servieren leicht erhitzen. Das Fleisch in Scheiben schneiden und die Sauce löffelweise darauf verteilen. Broccoli und Kartoffelpüree oder Reis als Beilage reichen.

Schweinefleisch mit glasierten Zwiebeln und Äpfeln

Auberginen-Hackfleisch-Auflauf mit roter Zwiebel

4 Portionen

450 g mageres
  Rinderhackfleisch
2 TL gemahlener Kreuzkümmel
1 EL gemahlener Koriander
1 TL gemahlener Ingwer
400 g Tomaten
  aus der Dose, gehackt
1 EL frischer Oregano, gehackt
2 Lorbeerblätter
Salz und schwarzer Pfeffer
150 ml Olivenöl
2 mittelgroße Auberginen,
  in Scheiben geschnitten
1 große rote Zwiebel,
  in dünne Ringe geschnitten
40 g Mandeln, blanchiert
  und gehobelt
1 großes Ei, verquirlt
250 ml Milch

Das milde Aroma der roten Zwiebeln ist das A und O dieser
würzigen Hackfleischfüllung, die auch mit Lammfleisch vorzüglich schmeckt.
Der Auflauf kann mit geriebenem Käse bestreut und gebräunt werden.

Zubereitungszeit: 40 Minuten   Garzeit: 1 Stunde

1 Den Backofen auf 200 °C vorheizen.
2 Das Hackfleisch bei großer Hitze in einem beschichtetem Bräter anbraten, bis das Fett austritt. Den Kreuzkümmel, den Koriander und den Ingwer zugeben und das gewürzte Fleisch dünsten, bis es gut gebräunt ist.
3 Tomaten, Oregano und Lorbeerblätter hinzufügen und das Ganze etwa 20 Minuten köcheln. Mit Salz und Pfeffer abschmecken.
4 Das Öl in einer großen Pfanne erhitzen und die Auberginenscheiben darin in zwei Portionen leicht bräunen. Die Auberginenscheiben sollten während des Bratens nicht übereinander liegen.
5 Die Hälfte der Auberginenscheiben in eine gefettete Auflaufform legen, die Fleischmischung darauf verteilen und mit den restlichen Auberginenscheiben bedecken. Dabei die Scheiben fest auf das Fleisch drücken.
6 Die Zwiebelscheiben in einzelne Ringe trennen und diese auf den Auberginen verteilen. Das Ganze mit Alufolie bedecken und im vorgeheizten Backofen etwa 40 Minuten schmoren.
7 Die Temperatur auf 170 °C reduzieren. Den Auflauf aus dem Backofen nehmen, die Alufolie entfernen und die Zwiebeln mit den Mandeln bestreuen.
8 Das Ei und die Milch verquirlen, mit Salz und Pfeffer würzen und über die Mandeln gießen. Den Auflauf zurück in den Backofen stellen und weitere 15 bis 20 Minuten garen, bis die Eimischung gestockt ist. Mit Gemüse der Saison servieren.

Entenbrust *mit Schalotten und Sherry*

Einfach und schnell zubereitet und dennoch delikat im Geschmack.

4 Portionen

2 große Schalotten,
  fein gehackt
4 Entenbrustfilets
grobes Meersalz
4 EL Sherryessig
4 EL Sherry Medium

Zubereitungszeit: 5 Minuten   Garzeit: 40 Minuten

1 Den Backofen auf 200 °C vorheizen.
2 Die Schalotten in einen kleinen Bräter geben und die Entenbrustfilets mit der Fett-
seite nach oben auf einen Dämpfeinsatz legen. Die Filets großzügig mit groben Salz
einreiben, dann das Ganze im vorgeheizten Backofen 30 bis 35 Minuten braten, bis
klares Fett aus dem Fleisch läuft. Den Dämpfeinsatz aus dem Bräter nehmen und die
Filets bis etwa 5 Minuten vor dem Aufschneiden warm stellen.
3 Gegebenenfalls 2 Esslöffel des Fettes abschöpfen und für die Zubereitung von
Bratkartoffeln beiseite stellen.
4 Den Sherryessig zu den Schalotten geben und alles langsam auf dem Herd erhitzen,
dabei den Fond loskochen.
5 Den Sherry hinzufügen, das Ganze aufkochen lassen und mit Salz abschmecken.
6 Die Filets aufschneiden und vor dem Servieren die Sauce darüber geben.

Zwiebelgespicktes Lamm mit Schalotten

Lammschulter gehört in manchen Ländern zu den beliebtesten Braten,
da das Fleisch zart und saftig ist. Zum Spicken können statt Knoblauch
oder Rosmarin auch in Ringe geschnittene Schalotten verwendet werden.
Eine schmackhafte Beilage ist Kartoffelpüree mit Frühlingszwiebeln (s. Seite 125).

6 Portionen

2 große Schalotten,
  die eine fein gehackt
  und die andere in dünne
  Ringe geschnitten
3 große Thymianzweige
etwa 2,5 kg Lammschulter
Salz und schwarzer Pfeffer
1 EL Mehl
450 ml Gemüsebrühe

Zubereitungszeit: 15 Minuten   Garzeit: 2 Stunden

1 Den Backofen auf 200 °C vorheizen. Die Schalotten in einen Bräter geben und den
Thymian darauf legen.
2 Die Lammschulter mehrmals mit einem spitzen, scharfen Messer einschneiden und
mit den Zwiebelringen spicken. Je mehr das Fleisch gespickt ist, umso intensiver wird
das Aroma. Die Lammschulter großzügig mit Salz und Pfeffer einreiben und auf die
Schalotten in den Bräter legen.
3 Das Ganze 1 1/2 bis 1 3/4 Stunden im vorgeheizten Backofen braten, dann das
Fleisch auf einen Teller legen und vor dem Aufschneiden etwa 15 Minuten abkühlen
lassen. Den Thymian aus dem Bräter entfernen. Die Schalotten und den Sud mit dem
Mehl bestäuben und alles bei geringer Hitze unter ständigem Rühren erwärmen, bis
es gut vermischt ist. Nach und nach die Brühe dazugießen und das Ganze unter ständigem Rühren aufkochen lassen. Mit Salz und Pfeffer abschmecken und 1 bis 2 Minuten
köcheln. Den Braten mit der Zwiebelsauce und Kartoffelpüree mit Frühlingszwiebeln
servieren.

Wildbret-*Zwiebel-Pastete*

750 g Rehrücken
  oder Schweinelende,
  gewürfelt
450 g Zwiebeln, gehackt
Salz und schwarzer Pfeffer
6 Wacholderbeeren,
  zerstoßen
3 EL Rotwein
2 EL Olivenöl
1 Ei, verquirlt
1 TL Gelatine
150 ml kochende Gemüsebrühe

Teig
225 g Mehl
1 TL Salz
175 g Schweineschmalz
125 ml Wasser und Milch,
  zu gleichen Teilen gemischt

*Rehfleisch ist geradezu ideal für diese traditionelle Pastete,
da es während des Kochens nicht schrumpft.
Eine gute Portion Zwiebeln gibt dem Ganzen einen herzhaften
Geschmack und hält das Fleisch saftig.*

Zubereitungszeit: 45 Minuten
Garzeit: 1 Stunde 30 Minuten oder 1 Stunde 45 Minuten

1 Für den Teig das Mehl mit dem Salz in eine Schüssel geben und in die Mitte eine Mulde drücken. Das Schweineschmalz mit der Wasser-Milch-Mischung in einen Topf geben. Das Ganze erhitzen, bis das Schmalz geschmolzen ist und aufkochen lassen. Zum Mehl geben und alles sofort zu einem weichen Teig verarbeiten. Diesen auf einer leicht bemehlten Arbeitsfläche so lange kräftig kneten, bis er glatt ist. Mit einem Geschirrtuch bedecken und ruhen lassen.
2 Den Backofen auf 220 °C vorheizen. Das Rehfleisch und die Zwiebeln in einer Küchenmaschine oder einem Fleischwolf zerkleinern. Das Ganze mit Salz und Pfeffer abschmecken, dann mit den Wacholderbeeren, dem Wein und dem Öl vermischen.
3 Zwei Drittel des Teigs ausrollen und eine Auflaufform bis zum Rand (etwa 20 cm hoch) damit auslegen. Die Fleisch-Zwiebel-Mischung darauf geben. Den restlichen Teig ausrollen und das Fleisch damit bedecken. Die Kanten des Bodens anfeuchten und mit dem Teigdeckel zu einem Wulst zusammendrücken. Den Deckel in der Mitte mit einem kleinen Schnitt versehen und aus den Teigresten dekorative Blätter formen und auflegen.
4 Die Pastete mit dem verquirlten Ei bestreichen und im vorgeheizten Backofen etwa 15 Minuten garen. Die Temperatur auf 180 °C reduzieren und das Ganze etwa 1 Stunde weiterbacken.
5 Den Teig behutsam vom Rand der Auflaufform lösen, sodass er nicht reißt. Dann die Pastete rundum mit verquirltem Ei bestreichen und weitere 20 bis 30 Minuten backen, bis sie goldbraun ist. Währenddessen den Teig noch ein- bis zweimal mit Ei bestreichen. Die Pastete aus dem Backofen nehmen und etwas abkühlen lassen.
6 Die Gelatine in der heißen Gemüsebrühe auflösen und behutsam über die Pastete gießen. Da das Fleisch während des Garens kaum schrumpft, passt womöglich nur wenig Flüssigkeit in die Form. Die Pastete auskühlen lassen und vor dem Aufschneiden 2 bis 3 Stunden kühl stellen. Kalt mit herzhaften Pickles und grünem Salat servieren.

Wildbret-Zwiebel-Pastete

Chinesischer Lachs *mit Frühlingszwiebeln und Ingwer*

4–6 Portionen

4 EL Sesamöl
1 kleiner ganzer Lachs
  oder ein großes Stück Lachs,
  etwa 1,2 kg
8 Frühlingszwiebeln,
  in dünne Ringe geschnitten
frische Ingwerwurzel (5 cm),
  geschält und fein gehackt
1–2 rote Chillies,
  entkernt und fein gehackt
Sojasauce

In China wird zum Neujahrsbankett üblicherweise ein ganzer Fisch serviert. Machen Sie auch andere Tage zu Festtagen und verfeinern Sie den Fisch mit würzigen Zutaten.

Zubereitungszeit: 15 Minuten   Garzeit: 35 Minuten

1 Den Backofen auf 220 °C vorheizen. Eine große Alufolie dünn mit Öl bestreichen und auf ein Backblech legen.
2 Den Lachs auf beiden Seiten dreimal tief einschneiden – das lässt ihn schneller garen. Auf die gefettete Alufolie legen und die Hälfte der Frühlingszwiebeln, den Ingwer und die Chillies in den Fisch geben. Das Ganze mit etwas Sojasauce beträufeln und locker mit der Folie verpacken. Den Lachs im vorgeheizten Backofen etwa 30 Minuten garen, bis das Fleisch auf Druck mit einem Messer leicht nachgibt. Den Lachs nicht zu lange garen, da er sonst trocken wird.
3 Den Lachs in Portionen teilen und mit den restlichen Frühlingszwiebeln bestreuen. Inzwischen das übrige Sesamöl in einer kleinen Pfanne erhitzen und kurz vor dem Servieren über den Fisch gießen.

Frikadellen *mit Frühlingszwiebeln*

4 Portionen

450 g Rinderhackfleisch
125 g Mozzarella,
  grob gerieben
4 Frühlingszwiebeln,
  sehr fein gehackt
Salz und schwarzer Pfeffer
1 Eigelb
Brötchen und Salat
  zum Servieren

Selbst gemachte Frikadellen sind besonders schmackhaft, wenn sie mit fein gehackten Zwiebeln verfeinert werden. Doch aufgepasst: Sind die Zwiebelstücke zu groß, hält die Frikadelle nicht zusammen.

Zubereitungszeit: 15 Minuten   Garzeit: 12 Minuten

1 Alle Zutaten in einer Schüssel gut vermengen und mit angefeuchteten Händen 4 Frikadellen formen.
2 Eine beschichtete Pfanne erhitzen. Die Frikadellen dazugeben und bei mittlerer Hitze auf jeder Seite 4 bis 5 Minuten braten. Kein Öl zufügen, das Fett im Fleisch reicht aus. Die Frikadellen mit Brötchen und Salat servieren.

Chinesischer Lachs mit Frühlingszwiebeln und Ingwer

Traditionelle Steak-*Zwiebel-Pastete*

6–8 Portionen

2 große Zwiebeln, in sehr
  dünne Ringe geschnitten
750 g bestes Rinder-
  schmorfleisch, in 2 cm
  große Würfel geschnitten
150 g Pilze, in dicke Scheiben
  geschnitten
Salz und schwarzer Pfeffer
450 g Mehl
1 EL Backpulver
1 TL Salz
550 g Schweineschmalz
  oder Margarine
150 ml Bier

Eine interessante Variation der klassischen Pies, der pikanten Pasteten englischer Herkunft. Die Zwiebeln zum Fleisch sind eine schmackhafte Alternative zum traditionellen Steak-and-Kidney-Pie.

Zubereitungszeit: 40 Minuten   Garzeit: 4–5 Stunden

1 Eine Auflaufform (etwa 2 l) leicht einfetten.
2 Zwiebeln, Rindfleisch, Pilze, Salz und Pfeffer vermengen.
3 Das Mehl mit dem Backpulver in eine große Schüssel sieben, das Salz zugeben und das Schweineschmalz oder die Margarine unterrühren. Das Ganze unter Zugabe von Wasser auf einer leicht bemehlten Arbeitsfläche zu einem glatten Teig verarbeiten.
4 Den Teig zu einem großen Kreis – etwa doppelt so groß wie der Durchmesser der Auflaufform – ausrollen. Etwa ein Drittel des Teiges außen wegschneiden und den verbliebenen Teig so in die Form geben, dass er Boden und Rand bedeckt. Rissstellen mit etwas Wasser anfeuchten und mit dem Finger glätten.
5 Die Fleischmischung auf dem Teig verteilen und das Bier dazugießen. Den restlichen Teig zu einem passenden Teigdeckel ausrollen und die Pastete damit bedecken. Die Kanten des Bodens anfeuchten und mit dem Teigdeckel zu einem Wulst zusammendrücken. Den Deckel in der Mitte mit einem kleinen Schnitt versehen.
6 Das Ganze mit Backpapier und zusätzlich mit Alufolie bedecken. Dabei in das Papier und die Folie jeweils eine Falte legen, damit die Pastete gut aufgehen kann. Den Folienrand dicht an die Form drücken, damit alles gut abgedeckt ist.
7 Einen Dampfkochtopf zur Hälfte mit Wasser füllen und zum Kochen bringen. Die Pastete darüber 4 bis 5 Stunden dampfgaren – je länger, umso besser – und gegebenenfalls Wasser nachgießen. Vor dem Servieren die erste Portion anschneiden und etwas Kochwasser oder heiße Gemüsebrühe in die Pastete gießen. Als Beilage eine Auswahl an frisch gekochten Gemüsen reichen.

Geschmorter Fasan *mit Zwiebeln und Sellerie*

*In der süß-sauren und fruchtigen Zwiebel-Sellerie-Sauce
kann der Fasan entweder schnell – dann bleibt das Gemüse knackig –
oder für einen zarteren Genuss auch länger geschmort werden.*

Zubereitungszeit: 45 Minuten
Garzeit: 1 Stunde oder 1 Stunde 30 bis 45 Minuten

1 Den Backofen auf 200 °C vorheizen. Den Fasan mit Mehl bestäuben und mit Salz und Pfeffer bestreuen. Das Öl in einer großen Pfanne erhitzen, das Fleisch dazugeben und rundum anbraten.

2 Inzwischen das Gemüse und die Preiselbeeren in einen Bräter geben und den Thymian in das Gemüse drücken. Die Fasanenhälften nebeneinander darauf legen.

3 Die restlichen Zutaten in die Pfanne geben und aufkochen lassen. Die Flüssigkeit über den Fasan gießen und den Bräter mit einem Deckel oder mit Alufolie bedecken.

4 Das Ganze im vorgeheizten Backofen etwa 10 Minuten schmoren, dann die Temperatur auf 190 °C (für 45 bis 50 Minuten) oder auf 170 °C (für 1 1/2 bis 1 3/4 Stunden) reduzieren. Die Garprobe machen: Fließt beim Einstechen in das Fleisch klares Fett heraus, ist der Braten fertig.

5 Den Fasan aus dem Bräter nehmen und die Sauce mit Salz und Pfeffer abschmecken. Das Fleisch auf einem Gemüsebett anrichten, löffelweise mit Sauce begießen und mit Sellerieblättern garniert servieren.

---

4 Portionen

2 Fasane, halbiert
2 EL Mehl
Salz und schwarzer Pfeffer
4 EL Olivenöl
6 Selleriestangen, in 5 cm lange
  Stücke geschnitten (die Blätter
  zum Garnieren aufbewahren)
2 große Zwiebeln, jeweils
  in 6 Stücke geschnitten
2 große Karotten, in 2,5 cm
  lange Stücke geschnitten
50 g getrocknete Preiselbeeren
4–5 große Thymianzweige
Saft von
  1 unbehandelten Zitrone
3 EL Rotweinessig
4 EL Honig
250 ml Hühner-
  oder Gemüsebrühe

Nudeln mit Zwiebeln, *Venusmuscheln und Tomaten*

2 Portionen

450 g Venusmuscheln
1 EL Olivenöl
1 Zwiebel, fein gehackt
150 ml Fischbrühe,
   trockener Weißwein oder
   eine Mischung aus beidem
1 Knoblauchzehe,
   sehr fein gehackt
2 EL frische Kräuter für Fisch-
   zubereitung (Dill, Kerbel,
   glatte Petersilie), gehackt
200 g Nudeln, frisch gekocht
1 EL Butter
Salz und schwarzer Pfeffer
2 Tomaten,
   entkernt und gehackt
frische Petersilie, gehackt,
   zum Garnieren

Ein schnell zubereitetes, perfektes Abendgericht mit interessanten Aromen und farbenfrohem Aussehen.

Zubereitungszeit: 10 Minuten   Garzeit: 12–15 Minuten

1 Die Muscheln unter fließend kaltem Wasser sorgfältig mit einer Bürste putzen.
2 Das Öl in einer großen Pfanne erhitzen. Die Zwiebeln hinzugeben und langsam weich und glasig dünsten. Die Brühe dazugießen und alles schnell aufkochen lassen.
3 Den Knoblauch, die Kräuter und die Muscheln hinzufügen. Das Ganze zugedeckt 3 bis 4 Minuten kochen, bis die Muscheln sich geöffnet haben. Dabei die Pfanne immer wieder schwenken. Danach die Muscheln und die Zwiebeln mit einem Schaumlöffel in eine vorgewärmte Schüssel geben. Die geschlossenen Muscheln aussortieren, da sie nicht genießbar sind.
4 Die frisch gekochten Nudeln abtropfen lassen, mit einem Esslöffel Butter, etwas Salz und Pfeffer zu den Muscheln und den Zwiebeln geben und alles gut vermengen.
5 Die Tomaten zum Sud in die Pfanne geben. Das Ganze etwa 2 Minuten kochen, dann über die Nudeln gießen. Alles gut vermischen und mit gehackter Petersilie sofort servieren.

Würste mit Zwiebeln *in Biersauce*

2 Portionen

2 EL Olivenöl
6 dicke Würste
2 große Zwiebeln,
   in dünne Ringe geschnitten
1 EL Mehl
150 ml Bier
150 ml Zwiebel-
   oder Gemüsebrühe
Salz und schwarzer Pfeffer
Kartoffelpüree zum Servieren

Das traditionelle englische Gericht ein wenig abgewandelt – Kartoffelpüree dient als geschmacklich gelungene Ergänzung.

Zubereitungszeit: 10 Minuten   Garzeit: 35 Minuten

1 Das Öl in einer großen Pfanne erhitzen, die Würste hinzugeben und rasch rundum braun anbraten.
2 Die Zwiebeln dazugeben und im heißen Öl schwenken. Dann das Ganze bei mittlerer Hitze etwa 20 Minuten braten, dabei die Würste gelegentlich wenden.
3 Die Würste aus der Pfanne nehmen und warm stellen. Das Mehl über die Zwiebeln stäuben und alles bei geringer Hitze unter ständigem Rühren erwärmen und gut vermengen. Nach und nach das Bier und die Brühe dazugießen und die Sauce unter ständigem Rühren aufkochen lassen.
4 Das Ganze mit Salz und Pfeffer abschmecken. Das Kartoffelpüree auf die Teller verteilen, die Würste darauf legen und löffelweise die Sauce darüber geben.

Nudeln mit Zwiebeln, Venusmuscheln und Tomaten

Wildbret-Teriyaki *mit Zwiebel und Sauerkirschen*

4 Portionen

4 Rehsteaks (à 175 g)
Salz und schwarzer Pfeffer
1 Prise getrocknete,
  zerstoßene Chillies
2 EL Erdnussöl
210 ml Teriyakimarinade
  (Fertigprodukt)
50 g getrocknete Sauerkirschen
150 ml Gemüse-
  oder Hühnerbrühe
1 EL Erdnussöl
1 kleine süße Zwiebel,
  fein gehackt
Zucker zum Abschmecken
frischer Koriander
  zum Garnieren

In diesem Partygericht passen süße Zwiebeln und salzige Teriyakimarinade ausgezeichnet zusammen und werden durch die aromatischen Sauerkirschen hervorragend geschmacklich abgerundet. Die getrockneten Kirschen können auch durch getrocknete Preiselbeeren ersetzt werden.

Zubereitungszeit: 25 Minuten, 2 Stunden zum Marinieren   Garzeit: 12 – 15 Minuten

1 Die Steaks mit Salz und Pfeffer würzen und in einen Plastikbeutel geben. Chillies, Öl und 3 Esslöffel Teriyakimarinade dazugeben. Die Luft behutsam aus dem Beutel drücken und diesen verschließen. Die Marinade kräftig in das Fleisch reiben, dann das Ganze etwa 2 Stunden in den Kühlschrank legen.

2 Währenddessen die Kirschen in der Brühe einweichen.

3 Die Steaks aus dem Beutel nehmen und die Marinade beiseite stellen. Das Fleisch mit Küchenpapier trockentupfen. Eine beschichtete Pfanne erhitzen, die Steaks hineinlegen und auf beiden Seiten 3 bis 4 Minuten braten – je nachdem, wie durchgegart das Fleisch sein soll.

4 Inzwischen das Öl in einer kleinen Pfanne erhitzen, die Zwiebel hineingeben und weich dünsten. Dann die restliche Teriyakimarinade, die Kirschen, etwas von der Brühe und die beiseite gestellte Marinade zugeben. Das Ganze aufkochen lassen und etwa 5 Minuten köcheln. Mit Zucker, Salz und Pfeffer abschmecken und gegebenenfalls noch etwas Brühe dazugießen.

5 Die Steaks in Streifen schneiden, löffelweise mit der Sauce begießen und mit Koriander garnieren. Dazu passt hervorragend Kartoffelpüree mit Frühlingszwiebeln (s. Seite 125).

Wildbret-Teriyaki mit Zwiebel und Sauerkirschen

Spanischer Kabeljau *mit Zwiebeln und Paprikaschoten*

4 Portionen

450 g Kabeljaufilet
  (ersatzweise Schellfisch
  oder Seehecht), gehäutet
3 EL Olivenöl
1 große rote Zwiebel,
  in dünne Ringe geschnitten
100 g Champignons,
  in Scheiben geschnitten
1 rote und 1 grüne
  Paprikaschote, entkernt
  und in Ringe geschnitten
Salz und weißer Pfeffer
125 ml Weißweinessig
125 ml Wasser
1 EL Zucker

Die Zwiebel verleiht diesem sommerlich-leichten
Fischgericht sein zart-würziges Aroma.

Zubereitungszeit: 15 Minuten   Garzeit: 15 Minuten, 24 Stunden zum Kühlen

1 Den Fisch in mundgerechte Stücke zerteilen. 2 Esslöffel Öl in einer großen Pfanne erhitzen, den Fisch darin fast gar dünsten und dann in eine Glas- oder Keramikschüssel geben.
2 Das restliche Öl in der Pfanne erhitzen, die Zwiebel zugeben und weich, aber nicht braun dünsten. Die Pilze und die Paprikaschoten hinzufügen und alles 1 bis 2 Minuten bissfest garen.
3 Das Gemüse über den Fisch geben und alles mit etwas Salz und Pfeffer bestreuen.
4 Den Essig und das Wasser in die Pfanne gießen und aufkochen lassen. Den Zucker dazugeben und das Ganze gut rühren, bis der Zucker sich aufgelöst hat. Die Sauce über den Fisch und das Gemüse gießen. Alles abkühlen lassen und etwa 24 Stunden in den Kühlschrank stellen. Mit knusprigem Olivenbrot servieren.

Spanischer Kabeljau mit Zwiebeln und Paprikaschoten

Hähnchen-Zwiebel-Risotto *mit Bohnensprossen*

4 Portionen

2 EL Olivenöl
2 große Zwiebeln,
   in dünne Ringe geschnitten
2 Hähnchenbrustfilets,
   in Streifen geschnitten
1 rote Paprikaschote, entkernt
   und in Ringe geschnitten
300 g Weizen, eingeweicht
   und vorgegart
500 ml Gemüse-
   oder Hühnerbrühe
3 EL Tamari oder Sojasauce
2 Handvoll Bohnensprossen
125 g ungesalzene Erdnüsse,
   trocken geröstet
Salz und schwarzer Pfeffer
frische Petersilie, gehackt,
   zum Garnieren

Risotto einmal anders – statt Reis wird Weizen verwendet, der dem Gericht knackigen Biss verleiht. Die Zwiebeln und das Hähnchen konkurrieren in dieser Zusammenstellung mit den Erdnüssen um die aromatische Vorherrschaft.

Zubereitungszeit: 15 Minuten   Garzeit: 25 Minuten

1 Das Öl in einer großen Pfanne erhitzen. Die Zwiebeln hineingeben und weich, aber nicht braun dünsten. Die Hähnchenstreifen dazugeben und unter ständigem Rühren anbraten, bis das Fleisch rundum weiß ist.
2 Die Paprikaschote und den vorgegarten Weizen hinzufügen und in der Pfanne schwenken, dann die Brühe hineingießen. Alles mit Tamari oder Sojasauce würzen, aufkochen lassen und leise etwa 15 Minuten köcheln, bis die Brühe fast eingekocht ist.
3 Die Bohnensprossen und die Erdnüsse dazugeben. Das Ganze gegebenenfalls mit Salz und Pfeffer abschmecken, dann 1 bis 2 Minuten weiterköcheln.
4 Alles reichlich mit gehackter Petersilie bestreuen und mit einem Salat servieren.

Hauptgerichte aus Gemüse

Neben grünen, roten und gelben sind auch süße weiße Zwiebeln
wesentliche Elemente in Gemüsegerichten.
Zwiebeln können in Pasteten gebacken, in Ravioli gedünstet
oder in Backkartoffeln gegart werden. Wie auch immer: Zwiebeln
sind für eine aromatische Gemüsespeise unumgänglich.

Mit Käse und Zwiebeln *gefüllte Kartoffeln*

2 Portionen

2 große Kartoffeln (à 225 g)
2 rote Zwiebeln,
  geschält und halbiert
Olivenöl
125 g Cheddar, gerieben
Salz und schwarzer Pfeffer
1 EL Butter oder 1–2 EL Milch

Gefüllte Kartoffeln schmecken am besten, wenn das Innere ausgehöhlt, püriert und gewürzt ist. Ein Aufwand, der sich lohnt!

Zubereitungszeit: 10 Minuten   Garzeit: 1 Stunde 30 Minuten

1 Den Backofen auf 200 °C vorheizen. Die Kartoffeln waschen, einschneiden und mit den Zwiebeln in eine kleine Pfanne mit einem feuerfesten Griff geben. Die Zwiebeln mit Olivenöl beträufeln und das Ganze etwa 1 Stunde – oder bis die Kartoffeln weich sind – im vorgeheizten Backofen garen.
2 Die Kartoffeln der Länge nach halbieren, mit einem Teelöffel aushöhlen und die Kartoffelmasse in eine Küchenmaschine geben. Die gedünsteten Zwiebeln, den größten Teil des Käses, Salz, Pfeffer und Butter oder Milch zugeben und alles zu einem glatten Brei pürieren.
3 Die Masse in die ausgehöhlten Kartoffelhälften füllen, das Ganze mit dem restlichen Käse bestreuen und im Backofen 10 bis 15 Minuten garen oder unter dem heißen Grill bräunen.

Gebackene *gefüllte Zwiebeln*

4 Portionen

4 große Zwiebeln
85 g Bulgur
Salz und schwarzer Pfeffer
125 ml kochende Gemüsebrühe
1 EL Butter

Gefüllte Zwiebeln sind ein hervorragendes Gericht an Tagen, an denen alles schief zu gehen scheint. Die Speise ist einfach zuzubereiten und gelingt immer.

Zubereitungszeit: 40 Minuten   Garzeit: 20 Minuten

1 Den Backofen auf 200 °C vorheizen. Die Zwiebeln schälen, dabei die Wurzeln ganz lassen. In einen Topf mit Wasser geben, aufkochen lassen und 15 bis 20 Minuten köcheln, bis die Zwiebeln gar sind.
2 Inzwischen den Bulgur in eine Schüssel geben. Die gleiche Menge Wasser hinzufügen und das Ganze beiseite stellen.
3 Die Zwiebeln aus dem Wasser nehmen und unter fließend kaltem Wasser abkühlen. Dann jeweils einen flachen Deckel abschneiden und die Zwiebeln mit einem scharfkantigen Teelöffel aushöhlen – der Rand und der Boden bleiben stehen.
4 Das Zwiebelinnere klein hacken. Den Bulgur abtropfen lassen, mit der Zwiebelmasse vermengen und mit Salz und Pfeffer würzen. Die Mischung in die ausgehöhlten Zwiebeln füllen. Eine Auflaufform dünn mit Fett bestreichen und die Zwiebeln hineingeben.
5 Die kochende Gemüsebrühe dazugießen, die Butter auf die Zwiebeln geben und das Ganze im vorgeheizten Backofen offen 15 bis 20 Minuten goldbraun backen. Während des Backens ein- bis zweimal mit etwas Sud übergießen.

Mit Käse und Zwiebel gefüllte Kartoffeln

Zwiebelravioli *mit Walnuss-Sauerampfer-Sauce*

2 Portionen

2 große Zwiebeln
4 EL Olivenöl
1 Knoblauchzehe, fein gehackt
1 Prise gemahlener Macis
Salz und schwarzer Pfeffer
12 weiße Lasagneteigblätter,
  frisch gekocht
60 g Walnüsse, gehackt
115 g Butter
1–2 EL Sauerampfer, gehackt

Ein gehaltvolles und köstliches Nudelessen. Als Hauptgericht wird es mit einem Salat abgerundet; als Vorspeise erfreuen kleinere Portionen den Gaumen.

Zubereitungszeit: 30 Minuten   Garzeit: 10 Minuten

1 1 1/2 Zwiebeln fein hacken. Das Öl in einer Pfanne erhitzen, die gehackten Zwiebeln, den Knoblauch und den Macis zugeben und alles bei mittlerer Hitze etwa 10 Minuten weich und goldbraun dünsten. Salz und Pfeffer hinzufügen und das Ganze abkühlen lassen.

2 Die Lasagneteigblätter quer halbieren und die Ränder befeuchten. Auf die Hälften je einen Teelöffel der Zwiebelmischung geben, den Teig über der Füllung zusammenschlagen und die Ränder sorgfältig zusammendrücken. Bis zum Kochen in ein feuchtes Geschirrtuch einschlagen und ruhen lassen.

3 Die restliche Zwiebelhälfte in Ringe schneiden und mit der verbliebenen Zwiebelmischung in der heißen Pfanne goldbraun dünsten. Die gehackten Walnüsse und die Butter dazugeben. Das Ganze erhitzen, bis die Butter geschmolzen ist und dann warm halten.

4 Die Ravioli in kochendem Salzwasser 3 bis 4 Minuten gar ziehen lassen. Dann in einem Sieb abtropfen lassen und mit dem Sauerampfer in die Zwiebel-Butter-Sauce geben. Vor dem Servieren mit Salz und Pfeffer abschmecken.

Zwiebel*moussaka*

4 Portionen

8 EL Olivenöl
2 große Zwiebeln, gehackt
450 g Tofu (oder anderer
  Fleischersatz, gehackt)
150 ml Rotwein
400 g Tomaten
  aus der Dose, gehackt
2 EL frischer Oregano, gehackt
Salz und schwarzer Pfeffer
1 EL Tomatenpüree
2 große Auberginen,
  in Scheiben geschnitten
225 g Ricotta
150 g Naturjoghurt
125 g weicher Ziegenkäse
  mit Knoblauch und Kräutern

Eine vegetarische Moussaka, die die Aromen von Auberginen und Zwiebeln in sich vereint.

Zubereitungszeit: 45 Minuten   Garzeit: 40 Minuten

1 2 Esslöffel Öl in einer Pfanne erhitzen. Die Zwiebeln dazugeben und zugedeckt weich dünsten, dann den Tofu oder gehackten Fleischersatz einrühren. Das Ganze offen 2 bis 3 Minuten dünsten, danach den Wein dazugießen und bis zur Hälfte einkochen lassen. Tomaten, Oregano, Salz, Pfeffer und Tomatenpüree hinzufügen und alles 30 bis 40 Minuten köcheln, bis das Ganze sämig ist.

2 Den Backofen auf 220 °C vorheizen. Das restliche Öl in einer Pfanne erhitzen, die Auberginen portionsweise hineingeben und bräunen. Die Scheiben sollten nicht übereinander liegen. Die Auberginen auf Küchenpapier abtropfen lassen und beiseite stellen.

3 Die Zwiebel-Tomaten-Sauce und die Auberginen schichtweise in eine gefettete Auflaufform geben. Die obere Schicht sollte aus Auberginenscheiben bestehen. Die restlichen Zutaten zu einer Sauce vermischen, die Mischung mit Salz und Pfeffer abschmecken und löffelweise über die Auberginen geben. Das Ganze im vorgeheizten Backofen 25 bis 30 Minuten leicht braun backen. Sofort mit grünem Salat servieren.

Zwiebelravioli mit Walnuss-Sauerampfer-Sauce

Käse-*Zwiebel-Fondue*

4 Portionen

2 Schalotten, gehackt

2 milde rote Chillies,
   entkernt und gehackt

300 ml Cidre

Saft von
   1 unbehandelten Zitrone

450 g Schweizer Käse,
   in dünne Scheiben
   geschnitten oder gerieben

Salz und schwarzer Pfeffer

1 EL Maismehl

2–3 EL Calvados
   (nach Belieben)

Baguette und Gurke
   zum Eintunken

Schalotten mit ihrem köstlichen Aroma sind für dieses Gericht hervorragend geeignet und verbinden sich püriert am besten mit dem Käse.

Zubereitungszeit: 15 Minuten   Garzeit: 10 Minuten

1 Die Schalotten und die Chillies in der Küchenmaschine oder mit dem Mixer zu einem glatten Brei verarbeiten. Gegebenenfalls etwas Cidre dazugießen.

2 Den größten Teil des Cidre mit dem Zitronensaft in einen Topf geben und das Ganze aufkochen lassen. Dann den Käse, Salz und Pfeffer zugeben. Alles bei geringer Hitze unter ständigem Rühren köcheln, bis der Käse geschmolzen ist.

3 Das Maismehl mit dem Calvados und dem restlichen Cidre vermischen und die Mischung mit dem Zwiebelbrei zur Fondue-Masse geben. Das Ganze noch 3 bis 4 Minuten köcheln, bis es leicht eingedickt ist.

4 Die Fondue-Masse in ein feuerfestes Keramikgefäß geben und auf das brennende Rechaud stellen. Brot- und Gurkenstücke eintunken.

Linsen-*Zwiebel-Lasagne*

Linsensauce passt sehr gut zu dieser vegetarischen Lasagne.
Der Lasagneteig kann auch selbst zubereitet werden.

Zubereitungszeit: 45 Minuten   Garzeit: 30 – 40 Minuten

1 Das Öl in einem Topf erhitzen, die Zwiebeln zugeben und weich, aber nicht braun dünsten. Die Courgette und die Paprikaschote hineinrühren und alles noch etwa 2 Minuten garen. Die Linsen und die Tomaten unterrühren, dann Brühe, Salz, Pfeffer und frische Kräuter hinzufügen. Das Ganze zum Kochen bringen und 25 bis 30 Minuten köcheln, bis die Linsen weich sind und die Sauce eingedickt ist.
2 Den Backofen auf 200 °C vorheizen. Die Hälfte der Zwiebel-Linsen-Mischung in einer gefetteten Auflaufform verteilen und mit der Hälfte der Lasagneteigblätter belegen. Eine weitere Lage Zwiebel-Linsen-Mischung darauf geben und diese wieder mit Lasagneteigblättern bedecken. Den Ricotta und den Frischkäse oder die saure Sahne vermischen und das Ganze mit Salz und Pfeffer abschmecken. Die Hälfte des Cheddars dazugeben und die Sauce über die Lasagne gießen. Den restlichen Käse auf der Lasagne verteilen.
3 Das Ganze im vorgeheizten Backofen 30 bis 40 Minuten goldbraun backen.

6 Portionen

2 EL Olivenöl
2 große Zwiebeln, fein gehackt
1 Courgette (Zucchino),
  gewürfelt
1 grüne Paprikaschote,
  entkernt und gewürfelt
175 g rote Linsen
400 g Tomaten
  aus der Dose, gehackt
750 ml Gemüsebrühe
Salz und schwarzer Pfeffer
2 EL frische Kräuter, gehackt
8 weiße Lasagneteigblätter
225 g Ricotta
350 Frischkäse
  oder saure Sahne
115 g Cheddar, gerieben

Pizza *mit Zwiebeln und Paprikaschote*

Mit einem gekauften Pizzaboden ist diese Pizza an hektischen Tagen
mit nur wenig Zeit zum Kochen schnell gefertigt.

Zubereitungszeit: 15 Minuten   Garzeit: 10 Minuten

1 Den Backofen auf 220 °C vorheizen.
2 Das Olivenöl in einer Pfanne erhitzen, zwei Drittel der Zwiebeln dazugeben und bei großer Hitze etwa 5 Minuten dünsten.
3 Den Pizzaboden auf ein Backblech geben und mit den gedünsteten Zwiebeln belegen. Die Paprikaschoten darauf verteilen und die restlichen Zwiebelringe darauf legen. Alles mit Salz und Pfeffer bestreuen.
4 Den Mozzarella auf den Gemüsebelag geben und mit Oliven belegen. Nach Belieben das Ganze mit etwas Olivenöl beträufeln.
5 Die Pizza etwa 10 Minuten backen, bis der Käse zu schmelzen und zu bräunen beginnt. Sofort mit grünem Salat oder Tomatensalat servieren.

2–3 Portionen

3 EL Olivenöl
3 große Zwiebeln, in sehr
  dünne Ringe geschnitten
1 gekaufter Pizzaboden
  (Ø 25 cm)
1 rote und 1 grüne
  Paprikaschote, entkernt
  und in Ringe geschnitten
Salz und schwarzer Pfeffer
175 g Mozzarella, in dünne
  Scheiben geschnitten
12 schwarze Oliven

Käse-Zwiebel-Quiche

4 Portionen

1 EL Olivenöl
6–8 Frühlingszwiebeln,
  fein gehackt
1/2 TL Paprikapulver
140 g Mehl, gesiebt
Salz
6 EL Butter
125 g Cheddar, gerieben
3 große Eier, verquirlt
425 ml Milch
schwarzer Pfeffer

Die berühmte Quiche schmeckt gut zubereitet einfach vorzüglich. Deren Füllung sollte nicht fester als Wackelpudding sein.

Zubereitungszeit: 15 Minuten   Garzeit: 40 Minuten

1 Den Backofen auf 220 °C vorheizen und ein Backblech hineinschieben.
2 Das Öl in einer Pfanne erhitzen und die weißen Teile der Frühlingszwiebeln und den größten Teil des Paprikapulvers dazugeben. Das Ganze bei geringer Hitze etwa 4 Minuten dünsten, bis die Zwiebeln weich sind, und abkühlen lassen.
3 Das Mehl mit einer Prise Salz vermengen und mit der Butter verrühren, bis grobe Streusel entstehen. Etwas Wasser dazugeben und alles zu einem glatten Teig verarbeiten.
Den Teig ausrollen und eine gefettete Springform (Ø 20 cm) damit auslegen.
4 Die grünen Teile der Frühlingszwiebeln mit den weißen und dem geriebenen Käse vermengen und alles auf dem Teigboden verteilen. Die Eier und die Milch verrühren, mit Salz und Pfeffer würzen und über die Zwiebeln gießen. Die Quiche mit dem restlichen Käse und Paprikapulver bestreuen.
5 Die Quiche auf das heiße Backblech im vorgeheizten Backofen geben und etwa 10 Minuten backen. Dann die Temperatur auf 190 °C reduzieren und das Ganze noch 25 bis 30 Minuten weiterbacken.
6 Die Quiche vor dem Aufschneiden etwa 10 Minuten ruhen lassen.
Warm oder kalt servieren.

Käse-Zwiebel-Pasteten

Ergibt 4 Pasteten

1 große Kartoffel,
  etwa 280 g, fein gewürfelt
Salz
375 g fertiger Blätterteig
2 mittelgroße rote Zwiebeln,
  fein gewürfelt
schwarzer Pfeffer
175 g Cheddar, gewürfelt
2 EL frischer Schnittlauch,
  geschnitten
Milch zum Bestreichen

Schnell zubereitet – was will man mehr von einem einfachen und schmackhaften Gericht?

Zubereitungszeit: 25 Minuten   Garzeit: 20 Minuten

1 Den Backofen auf 220 °C vorheizen. Die Kartoffelwürfel in einen Topf mit Salzwasser geben, das Ganze zum Kochen bringen und etwa 1 Minute köcheln. Die Würfel mit einem Schaumlöffel herausnehmen und etwas abkühlen lassen.
2 Aus dem Teig 4 Kreise (Ø 15 cm) schneiden. Die Kartoffeln mit den restlichen Zutaten vermengen und die Mischung auf die Teigkreise verteilen.
3 Die Teigränder mit Wasser befeuchten, den Teig über der Füllung zusammenschlagen und an den Rändern sorgfältig zusammendrücken. Die Pasteten mit Milch bestreichen.
4 Die Pasteten auf ein Backblech legen und im vorgeheizten Backofen 15 bis 20 Minuten goldbraun backen. Warm oder kalt servieren.

Käse-Zwiebel-Quiche

Käse-Reis-Zwiebel-Brot

6 Portionen

200 g Vollkornreis
4 EL Olivenöl
2 große Zwiebeln,
  in dicke Ringe geschnitten
1 rote Zwiebel
2 Courgettes (Zucchini)
2 Knoblauchzehen,
  fein gehackt
400 g Vollkorn-Semmelbrösel
Salz und schwarzer Pfeffer
1 großes Ei, verquirlt
125 g Cheddar, gerieben
Butter

Abwechslung gefällig? Dann sollte unbedingt dieses Brot gebacken werden.
Besonders lecker schmeckt es mit einem würzigen Obstchutney.

Zubereitungszeit: 45 Minuten   Garzeit: 45 Minuten

1 Den Reis in einen Topf mit Wasser geben (ohne Salz), zum Kochen bringen und etwa 30 Minuten köcheln. In ein Sieb schütten, den Reis abtropfen lassen und beiseite stellen.
2 Den Backofen auf 190 °C vorheizen. 2 Esslöffel Öl in einer Pfanne erhitzen, die Zwiebelringe darin weich dünsten und beiseite stellen.
3 Die rote Zwiebel und die Courgettes in einer Küchenmaschine grob raspeln. Das restliche Olivenöl in der Pfanne erhitzen, das geraspelte Gemüse darin weich dünsten und in eine Schüssel geben. Die restlichen Zutaten und den Reis hinzufügen und alles gut vermengen.
4 Eine Kastenform dünn mit Butter bestreichen und den Boden mit Backpapier auslegen. Die Hälfte der Zwiebelringe auf dem Boden verteilen und die Hälfte der Reismischung darauf geben. Die restlichen Zwiebelringe in die Mitte geben und mit der übrigen Reismischung bedecken. Das Ganze gut fest drücken und mit gefettetem Backpapier abdecken.
5 Den Laib im vorgeheizten Backofen etwa 40 Minuten backen. Das Brot aus dem Ofen nehmen, aus der Form lösen, auf eine vorgewärmte Platte legen und in Scheiben geschnitten servieren.

Grüne-Bohnen-*Zwiebel-Frittata*

3–4 Portionen

175 g frische oder TK-Bohnen
2 EL Olivenöl
6–8 Frühlingszwiebeln,
  in Ringe geschnitten
6 große Eier, verquirlt
2 EL frische glatte Petersilie,
  gehackt
Salz und schwarzer Pfeffer
40 g Parmesan, gerieben

Dieses köstliche Sommergericht ähnelt einem spanischen Omelett,
ist ohne die stärkehaltigen Kartoffeln jedoch weitaus verträglicher.

Zubereitungszeit: 10 Minuten   Garzeit: 20 Minuten

1 Die Bohnen in einen Topf mit kochendem Salzwasser geben und etwa 4 Minuten kochen. Dann das Wasser abgießen.
2 Das Öl in einer beschichteten Pfanne (Ø 20 cm) mit einem feuerfesten Griff erhitzen. Die Frühlingszwiebeln 2 bis 3 Minuten darin dünsten, dann die Bohnen dazugeben.
3 Die Eier mit Petersilie, Salz und Pfeffer verrühren und den Käse hinzufügen. Das Ganze in die Pfanne gießen, dabei das Gemüse behutsam schwenken, bis es völlig mit der Eimischung überzogen ist.
4 Die Frittata bei geringer Hitze etwa 15 Minuten garen, bis die Eimischung fest ist. Sollten die Eier unten braun und oben noch flüssig sein, die Pfanne etwa 2 Minuten unter den heißen Grillrost in den Backofen stellen. Die Frittata in Ecken schneiden.

Blauschimmelkäse-*Frühlingszwiebeln-Kuchen*

Dieser herzhafte Käsekuchen – eher eine soufflierte Quiche als ein Kuchen –
ist eine delikate, herzhafte Gaumenfreude.
Mit einem großen Teller grünem Salat servieren.

Zubereitungszeit: 30 Minuten   Garzeit: 40 Minuten

1 Den Backofen auf 200 °C vorheizen und ein Backblech hineinschieben. Das Mehl mit dem Salz in einer Schüssel vermengen und mit der Butter verrühren, bis grobe Streusel entstehen. Kaltes Wasser dazugeben und das Ganze zu einem festen Teig verarbeiten. Ausrollen, eine gefettete Springform (Ø 20 cm) damit auslegen und kühl stellen.
2 Den Ricotta, die Eigelbe und die Trockenhefe verrühren, dann die Frühlingszwiebeln, den Schimmelkäse und den Pfeffer dazugeben. Die Eiweiße steifschlagen und unter die Mischung heben. Das Ganze auf dem Teig verteilen.
3 Die Springform auf das heiße Backblech im vorgeheizten Backofen stellen, sofort die Temperatur auf 190 °C reduzieren und den Kuchen 35 bis 40 Minuten goldbraun backen.
4 Den Käsekuchen etwa 15 Minuten abkühlen lassen, dann aufschneiden und warm mit einem Löffel saurer Sahne pro Portion servieren.

4–6 Portionen

Teig
140 g Mehl
1 Prise Salz
6 EL Butter

Füllung
225 g Ricotta
2 große Eier, Eiweiß
    und Eigelb getrennt
1 TL Trockenhefe
8 Frühlingszwiebeln,
    fein gehackt
125 g Blauschimmelkäse,
    zerkrümelt
schwarzer Pfeffer
saure Sahne zum Anrichten

Zwiebel*frühlingspastete*

*Ein mit roten und süßen Zwiebeln gefülltes leichtes Sommergericht.
Dazu passen hervorragend grüner Salat und Tomatensalat. In einer Keramikform
zubereitet wird der Teig mit der gehaltvollen Mischung schön knusprig.*

Zubereitungszeit: 40 Minuten   **Garzeit: 40 Minuten**

1 3 Esslöffel Öl in einer großen Pfanne erhitzen. Zwiebeln, Chili, Kaffir-Limetten-Blätter oder Zitronenschale und Zitronengras dazugeben und das Ganze 15 bis 20 Minuten dünsten, bis die Zwiebeln weich sind. Die Kokosnussraspeln einrühren, alles mit Salz abschmecken und etwas abkühlen lassen.

2 Den Backofen auf 200 °C vorheizen. Das restliche Öl und die Sojasauce vermischen. Mit dem größten Teil der Frühlingsrollen-Teigblätter eine gefettete runde Auflaufform auskleiden. Die Teigblätter sollten am Rand großzügig überstehen und mindestens in drei Lagen übereinander liegen. Jede Teigblätterlage mit Öl und Sojasauce bestreichen, damit sie feucht bleibt.

3 Die Zwiebelmischung auf den Teig geben und das Ganze mit zwei Lagen zur Hälfte zusammengefalteter Teigblätter belegen. Den Rand des Teigbodens über die Pastete schlagen, den Deckel mit einem scharfen Messer einschneiden und großzügig mit der restlichen Öl-Sojasaucen-Mischung bestreichen.

4 Die Pastete im vorgeheizten Backofen etwa 30 Minuten knusprig und goldbraun backen. Vor dem Servieren etwas abkühlen lassen und dazu pfannengerührtes Gemüse reichen.

6 Portionen

100 ml Erdnussöl

4 süße und 2 rote Zwiebeln,
  in Ringe geschnitten

1 scharfe rote Chili,
  entkernt und fein gehackt

5–6 Kaffir-Limetten-Blätter,
  zerkleinert, oder
  geriebene Schale von
  3 unbehandelten Limetten

1 Stängel Zitronengras,
  gestoßen und fein gehackt

60 g Kokosnussraspel

Salz

2 EL Sojasauce

10–14 Frühlingsrollen-
  teigblätter, je nach Größe

Zwiebel-Safran-Risotto

Die Versuchung ist groß, dem Risotto viele aromatische Zutaten beizumengen.
Doch Zwiebeln und Safran sind eine geniale Verbindung,
die durch den gebratenen Knoblauch gekrönt wird.

Zubereitungszeit: 10 Minuten   **Garzeit: 30–40 Minuten**

1 Die Gemüsebrühe in einem Topf zum Kochen bringen. Das Öl und die Butter in einer großen Pfanne erhitzen, die Zwiebeln zugeben und leise 6 bis 8 Minuten weich, aber nicht braun dünsten. Den Safran in die kochende Brühe geben.

2 Den Reis in die Pfanne geben und gut mit dem Zwiebelsud vermengen. Etwa ein Drittel der Brühe dazugießen. Das Ganze aufkochen lassen und unter gelegentlichem Rühren köcheln, bis die Flüssigkeit aufgesogen ist. Dann die Hälfte der restlichen Brühe zugeben. So fortfahren, bis die gesamte Brühe verkocht ist und der Reis eine cremige Konsistenz hat.

3 Inzwischen eine kleine Pfanne etwa 2,5 cm hoch mit Öl füllen. Das Öl erhitzen, den Knoblauch dazugeben und goldbraun braten. Mit einem Schaumlöffel herausnehmen und auf Küchenpapier abtropfen lassen.

4 Das Risotto mit Salz und Pfeffer abschmecken und heiß mit dem gebratenen Knoblauch servieren.

4 Portionen

1,5 l Gemüsebrühe
2 EL Olivenöl
1 EL Butter
1 große und 2 rote Zwiebeln, gehackt
einige Msp. Safran
280 g Rundkornreis
Olivenöl zum Frittieren
2 große Knoblauchzehen, in Scheiben geschnitten
Salz und schwarzer Pfeffer

Zwiebel-Gorgonzola-**Ciabatta**

2 Portionen

3 EL Olivenöl

1 große und eine rote Zwiebel,
 in dünne Ringe geschnitten

1 große Knoblauchzehe,
 fein gehackt

6–8 Anchovisfilets, gehackt

Salz und schwarzer Pfeffer

2–3 Thymianzweige

1 Ciabattabrot

1 kleine rote Paprikaschote,
 entkernt und in Ringe
 geschnitten

125 g Gorgonzola, zerkrümelt

Olivenöl zum Beträufeln

Verführerisch schmilzt der Gorgonzola über den Zwiebeln und verbreitet einen mediterranen Duft. Die Ciabatta gleicht einer knusprigen Pizza; der Zwiebelbelag ist eine großartige Alternative zu Tomaten.

Zubereitungszeit: 15 Minuten   Garzeit: 10 Minuten

1 Den Backofen auf 220 °C vorheizen. Das Öl in einer Pfanne erhitzen, den größten Teil der Zwiebeln zugeben und bei mittlerer Hitze unter gelegentlichem Rühren etwa 10 Minuten dünsten. Knoblauch, Anchovis, Salz, Pfeffer und Thymian zu den Zwiebeln geben und das Ganze weiter dünsten.

2 Das Ciabattabrot der Länge nach halbieren, die Hälften auf ein Backblech geben und mit der Zwiebelmischung belegen. Die restlichen Zwiebeln, die Paprikaschote und den Käse darüber geben. Das Ganze mit Olivenöl beträufeln.

3 Die Ciabatta im vorgeheizten Backofen 5 bis 8 Minuten überbacken, bis der Käse geschmolzen und leicht gebräunt ist. Sofort servieren.

Spanisches Zwiebelomelett

Ein Hauch von Spanien zieht mit diesem Omelett in den Alltag ein. Einfach und rasch
zubereitet, findet es auch an Tagen mit wenig Zeit Platz auf dem Speiseplan.

Zubereitungszeit: 15 Minuten   Garzeit: 12–15 Minuten

1 Das Öl in einer beschichteten, etwa 20 cm hohen Pfanne mit feuerfestem Griff
erhitzen. Die Kartoffelwürfel zugeben und unter gelegentlichem Rühren 4 bis
5 Minuten dünsten.
2 Die Zwiebel und die Paprikaschote hinzufügen und alles 6 bis 8 Minuten garen,
bis das Gemüse weich ist. Das Ganze mit Salz und Pfeffer abschmecken.
3 Die Eier unter das Gemüse rühren und alles etwa 10 Minuten garen, bis die Eier
gestockt sind. Sollten die Eier unten braun und oben noch flüssig sein, die Pfanne
etwa 2 Minuten unter den heißen Grillrost in den heißen Backofen stellen.
4 Das Ganze 1 bis 2 Minuten abkühlen lassen, dann in Stücke schneiden und mit
Petersilie bestreut servieren.

2–3 Portionen

2–3 EL Olivenöl
1 große Kartoffel,
  fein gewürfelt
1 große Zwiebel,
  in dünne Ringe geschnitten
1 grüne Paprikaschote,
  entkernt und in dünne Ringe
  geschnitten
Salz und schwarzer Pfeffer
4 große Eier, verquirlt
frische glatte Petersilie
  zum Garnieren

Zwiebel-Maronen-*Schmortopf*

4 Portionen

3 EL Olivenöl
12 kleine Silberzwiebeln
2 mittelgroße Lauchstangen,
 in Ringe geschnitten
1 rote und 1 gelbe
 Paprikaschote, entkernt
 und in Ringe geschnitten
2 Knoblauchzehen,
 in Scheiben geschnitten
2 EL Vollkornmehl
600 ml Gemüsebrühe
2 EL Sojasauce
2–3 Lorbeerblätter
450 g Maronen (Esskastanien)
Salz und schwarzer Pfeffer

Ein passendes Essen für Kaltwettertage. Die Maronen
ergänzen und verfeinern hervorragend das Zwiebelaroma.

Zubereitungszeit: 20 Minuten   Garzeit: 30 Minuten

1 Das Öl in einer Pfanne erhitzen. Die Zwiebeln zugeben und etwa 10 Minuten dünsten, bis sie weich, süß und leicht bräunlich sind. Den Lauch, die Paprikaschoten und den Knoblauch hinzufügen und alles 2 bis 3 Minuten dünsten.
2 Das Mehl über das Gemüse stäuben und alles gut verrühren, dann nach und nach die Brühe dazugießen. Das Ganze unter ständigem Rühren langsam zum Kochen bringen, dann die Sojasauce, die Lorbeerblätter und die Maronen hinzugeben.
3 Alles nochmals aufkochen lassen und 30 Minuten köcheln. Mit Salz und Pfeffer abschmecken, gegebenenfalls noch Sojasauce hinzufügen. Den Schmortopf mit Kartoffelpüree servieren.

Gebackener Reis *mit süßen Zwiebeln*

4 Portionen

6 EL Butter
6 süße Zwiebeln, gehackt
225 g schnell kochender
 Langkornreis
250 ml Gemüsebrühe
250 ml Milch
Salz und schwarzer Pfeffer
140 g Gruyère, gerieben

Dieses Gericht wird in Frankreich traditionell als Beilage zu
gebratenem Fleisch gereicht, kann jedoch auch als Hauptspeise serviert werden.
Für das hervorragende Aroma bedarf es unbedingt süßer Zwiebeln.

Zubereitungszeit: 30 Minuten   Garzeit: 1 Stunde

1 Den Backofen auf 170 °C vorheizen. Die Butter in einer großen Pfanne erhitzen, die Zwiebeln dazugeben und etwa 15 Minuten weich und leicht goldgelb dünsten.
2 Den Reis zu den Zwiebeln geben, mit dem Sud vermengen und das Ganze 2 bis 3 Minuten dünsten. Die Brühe, die Milch sowie Salz und Pfeffer hinzufügen, alles aufkochen lassen und etwa 5 Minuten köcheln, bis der Reis halb gar ist. Der Reis sollte feucht sein, gegebenenfalls noch etwas Milch zugießen.
3 Den Käse unterrühren, dann das Ganze in eine gefettete Auflaufform geben und offen etwa 1 Stunde im vorgeheizten Backofen überbacken, bis die Oberfläche braun und knusprig und der Reis weich ist. Heiß servieren.

Zwiebel-Maronen-Schmortopf

Blumenkohl *in Zwiebelkäse*

4 Portionen

1 großer Blumenkohl,
 in große Röschen zerteilt
1 große Zwiebel,
 in 6–8 Stücke geschnitten
Salz
250 ml Milch
3 EL Butter
3 EL Mehl
1 TL Dijonsenf
175 g Cheddar, gerieben
schwarzer Pfeffer
2 EL Semmelbrösel
 (nach Belieben)

Ein Gericht, das auch bei Erkältungen gut schmeckt. Es gibt kaum etwas Tröstlicheres als Blumenkohl in Käsesauce, zudem sollen Zwiebeln Erkältungen lindern.

Zubereitungszeit: 10 Minuten   Garzeit: 25 Minuten

1 Den Blumenkohl und die Zwiebel in einen Topf geben. Mit Wasser auffüllen, bis das Gemüse bedeckt ist. Eine Prise Salz zugeben, das Ganze aufkochen lassen und etwa 10 Minuten köcheln.
2 Das Gemüse mit einem Schaumlöffel herausnehmen und in eine Auflaufform geben. 250 ml des Gemüsewassers zurückbehalten.
3 Die Milch, die Butter und das Mehl in das Gemüsewasser geben. Alles behutsam unter ständigem Rühren zum Kochen bringen, köcheln, bis es eingedickt ist, dann den Senf und die Hälfte des Käses hinzufügen. Mit Salz und Pfeffer abschmecken und über das Gemüse gießen.
4 Für einen knusprigen Belag den restlichen Käse mit den Semmelbröseln vermischen und auf dem Gemüse verteilen. Vor dem Servieren das Ganze unter einem heißen Grillrost bräunen.

Spaghetti mit roten Zwiebeln

4 Portionen

2 EL Olivenöl
2 rote Zwiebeln, fein gehackt
8–10 Frühlingszwiebeln,
 in Ringe geschnitten
1 Prise Chilipulver
150 g Crème fraîche
300 g Spaghetti, gekocht
Salz und schwarzer Pfeffer
2 Tomaten, entkernt und
 gehackt
1 Handvoll geschnittener
 frischer Schnittlauch

Spaghetti in Zwiebelbegleitung – ein neuartiges Nudelerlebnis. Die Nudeln können nach Belieben mit geriebenem Parmesan bestreut werden.

Zubereitungszeit: 10 Minuten   Garzeit: 10 Minuten

1 Das Öl in einer Pfanne erhitzen. Die Zwiebeln und das Chilipulver zugeben und das Ganze 2 bis 3 Minuten dünsten, bis die Zwiebeln weich, aber nicht braun sind. Die Crème fraîche hinzufügen, alles aufkochen lassen und etwa 3 Minuten weiter köcheln.
2 Die frisch gekochten Spaghetti abtropfen lassen und in eine große Schüssel geben. Die Zwiebelmischung dazugeben und alles gut vermengen. Mit Salz und Pfeffer abschmecken.
3 Vor dem Servieren die Tomaten und den Schnittlauch unterrühren.

Zwiebel-Ricotta-Pastete

Einfach und schnell zubereitet, sättigt das Gericht überraschend gut und beruhigt die Nerven!

Zubereitungszeit: 10 Minuten **Garzeit: 25 Minuten**

1 Den Backofen auf 220 °C vorheizen.

2 Das Öl in einer Pfanne erhitzen. Die Zwiebeln dazugeben, mit Salz und Pfeffer bestreuen und bei mittlerer Hitze 10 bis 15 Minuten weich und leicht braun dünsten.

3 Inzwischen die Blätterteigscheiben in jeweils 4 Rechtecke schneiden und alle Ränder etwa 1 cm breit mit verquirltem Ei oder Milch bestreichen. Dann die Teigstücke im vorgeheizten Backofen 10 bis 15 Minuten goldbraun backen.

4 Naturjoghurt oder saure Sahne, Ricotta, Knoblauch und Parmesan kräftig verrühren und alles mit Salz und Pfeffer würzen.

5 Die Teigstücke in der Mitte niederdrücken. Die Käsemischung gleichmäßig darauf verteilen und leicht verstreichen. Die Zwiebelmischung darauf geben und das Ganze noch etwa 5 Minuten im Backofen backen. Sofort servieren.

4 Portionen

3 EL Olivenöl

2 große Zwiebeln, fein gehackt

Salz und schwarzer Pfeffer

375 g Blätterteigscheiben

1 Ei, verquirlt,
   oder Milch zum Besteichen

2 EL Naturjoghurt
   oder saure Sahne

225 g Ricotta

1 Knoblauchzehe, fein gehackt

2 EL frisch geriebener Parmesan

Süße Zwiebelpastete

6 Portionen

4 EL ungesalzene Butter
3 große süße Zwiebeln,
 z.B. Vidalia, in dünne Ringe
 geschnitten
1/2 TL geriebene Muskatnuss
Salz und schwarzer Pfeffer
140 g Mehl
1 TL Paprikapulver
85 g gesalzene Butter
2 Eier, verquirlt
250 ml Milch
150 g saure Sahne
3 EL frisch geschnittenen
 Schnittlauch
Milch zum Bestreichen

Süße Zwiebeln haben üblicherweise eine weiße Haut und ein ganz eigenes nussiges Aroma. Diese Pastete wird entweder als vegetarisches Hauptgericht oder als Beilage zu gebratenem Fleisch und Fisch gereicht. Die flüssige Füllung ergibt auch eine schmackhafte Sauce.

Zubereitungszeit: 40 Minuten   Garzeit: 30 Minuten

1 Die Butter in einer Pfanne erhitzen. Die Zwiebeln dazugeben, mit der Muskatnuss, Salz und Pfeffer bestreuen und bei mittlerer Hitze etwa 15 Minuten leicht goldbraun dünsten.
2 Inzwischen den Backofen auf 200 °C vorheizen. Das Mehl und das Paprikapulver in einer Schüssel vermengen und mit der Butter verrühren, bis grobe Streusel entstehen. Ausreichend Wasser zugeben und alles zu einem festen Teig verarbeiten.
3 Die Eier mit der Milch verquirlen, die saure Sahne, den Schnittlauch und die Zwiebeln hinzufügen. Das Ganze in eine gefettete Auflaufform geben. Den Teig auf einer bemehlten Arbeitsfläche ausrollen und die Pastete damit bedecken. Teigreste zu dekorativen Teigblättern formen und diese auf den Deckel legen. Den Teigdeckel mit einem Schnitt versehen, damit der Dampf entweichen kann, und mit etwas Milch bestreichen.
4 Die Pastete in den vorgeheizten Backofen stellen, sofort die Temperatur auf 190 °C reduzieren und das Ganze etwa 30 Minuten goldbraun backen. Heiß servieren.

Süße Zwiebelpastete

Süße-Zwiebel-*Kartoffel-Tarte*

4–6 Portionen

3 EL Olivenöl
3 große süße Zwiebeln,
  z. B. Vidalia, in dünne
  Ringe geschnitten
1 kleine Aubergine,
  in Scheiben geschnitten
6–7 mittelgroße Kartoffeln,
  geschält
Salz
3 EL Butter
1 rote Chili, fein gehackt
frisch geriebene Muskatnuss
schwarzer Pfeffer

Diese delikate Speise aus süßen Zwiebeln, Aubergine und Kartoffeln basiert auf der klassischen gestürzten Tarte Tatin, einem gestürzten Apfelkuchen.

Zubereitungszeit: 40 Minuten   Garzeit: 40 Minuten

1 Den Backofen auf 200 °C vorheizen und ein Backblech hineinschieben. Das Öl in einer Pfanne erhitzen, die Zwiebeln und die Aubergine dazugeben und alles bei geringer Hitze etwa 20 Minuten dünsten, bis das Gemüse weich ist und die Zwiebeln leicht gebräunt sind.
2 Inzwischen die Kartoffeln in kochendem Salzwasser etwa 5 Minuten garen, abgießen und etwas abkühlen lassen. Dann die Kartoffeln in dicke Scheiben schneiden.
3 Die Hälfte der Butter in einer etwa 20 cm hohen Pfanne mit einem feuerfesten Griff erhitzen, vom Herd nehmen und die gehackte Chili gleichmäßig auf dem Pfannenboden verteilen. Die Gemüsemischung würzen, wobei mehr Salz und Muskatnuss als Pfeffer zugegeben wird. Über den Chili geben und flach in die Pfanne drücken.
4 Die restliche Butter zerlassen. Die Kartoffelscheiben auf die Zwiebeln legen und mit der Butter bestreichen. Mit Salz, Pfeffer und Muskatnuss bestreuen. Das Ganze auf das heiße Backblech im vorgeheizten Backofen stellen und etwa 40 Minuten backen.
5 Die Tarte fest mit einem Palettenmesser niederdrücken, aus der Pfanne lösen und auf einen vorgewärmten Teller stürzen.

*Gemischtes-Bohnen-*Zwiebel-Cassoulet

6 Portionen

400 g gemischte
  getrocknete Bohnen
3 EL Olivenöl
1 rote, 1 süße und 1 große
  Zwiebel, in dicke Ringe
  geschnitten
Salz und schwarzer Pfeffer
4 große Thymianzweige
400 g Tomaten
  aus der Dose, gehackt
350 ml Gemüsebrühe
280 g Semmelbrösel

Dies ist ein richtiger Wintereintopf – serviert mit frischem, knusprigem Brot und grünem Salat.

Zubereitungszeit: 1 Stunde 30 Minuten, 8 Stunden zum Einweichen
Garzeit: 1 Stunde 30 Minuten

1 Die Bohnen in einer Schüssel mit Wasser etwa 8 Stunden oder über Nacht einweichen. Abgießen, unter fließend kaltem Wasser abspülen und abtropfen lassen.
2 Die Bohnen in einem Topf mit Wasser zum Kochen bringen und zugedeckt etwa 1 Stunde köcheln. Abgießen und beiseite stellen. Den Backofen auf 170 °C vorheizen.
3 Das Öl in einem Bräter erhitzen. Die Zwiebeln darin weich dünsten, mit Salz und Pfeffer bestreuen und den Thymian zugeben. Die Tomaten hinzufügen und alles nochmals mit Salz und Pfeffer würzen.
4 Die Bohnen auf die Tomatenmischung geben, gut niederdrücken und mit Salz und Pfeffer bestreuen. So viel Brühe zugießen, dass die Bohnen zu gut zwei Dritteln bedeckt sind. Alles aufkochen lassen, dann im vorgeheizten Backofen zugedeckt etwa 1 Stunde garen.
5 Die Semmelbrösel auf die Bohnen streuen. Die Temperatur im Backofen auf 190 °C erhöhen und das Ganze 20 bis 25 Minuten offen garen, bis die Brösel braun sind.

Gemüsebeilagen

Zwiebelbeilagen geben jeder Mahlzeit einen schmackhaften,
aromatischen Pfiff, gleich ob am Mittag oder am Abend.
Sie werden meist heiß serviert und sind die ideale Begleitung
für viele warme und kalte Hauptgerichte.

Gerösteter Chicorée *mit Zwiebeln*

4 Portionen

4 Chicoréestauden,
  der Länge nach halbiert
Zitronensaft
1 rote Zwiebel, fein gehackt
Salz und schwarzer Pfeffer
1–2 EL Olivenöl

Eine einfache Art, Chicorée schmackhaft zuzubereiten. Einmal ausprobiert,
avanciert dieses Gemüse zu einer der beliebtesten Beilagen.

Zubereitungszeit: 10 Minuten   Garzeit: 40 Minuten

1 Den Backofen auf 200 °C vorheizen.
2 Den Chicorée in einen flachen Bräter geben.
3 Etwas Zitronensaft hinzugeben, das Ganze mit Zwiebel bestreuen, leicht mit Salz und Pfeffer würzen und mit Olivenöl beträufeln.
4 Alles im vorgeheizten Backofen 30 bis 40 Minuten garen, bis der Chicorée weich und braun ist. Heiß oder kalt servieren.

Zwiebeln nach Singapur-Art

Eine schmackhafte Beigabe für kaltes Hähnchen- oder Schweinefleisch.

Zubereitungszeit: 15 Minuten   **Garzeit: 30 Minuten**

1 Alle Zutaten für die Currypaste in eine Küchenmaschine geben, einen Teil des Wassers dazugießen und alles zu einer groben Paste pürieren.
2 Das Erdnussöl erhitzen, die Schalotten dazugeben und braun dünsten. Dann die Kurkuma hinzufügen und das Ganze etwa 1 Minute weiter dünsten. Die Currypaste hineinrühren und alles etwa 2 Minuten garen. Die Kaffir-Limetten-Blätter oder die Limettenschale, den Zucker und den größten Teil des Wassers zugeben. Alles zum Kochen bringen und 10 bis 15 Minuten köcheln, bis die Schalotten fast gar sind.
3 Die Kokosnussmilch oder -creme mit dem restlichen Wasser vermischen, unter die Zwiebeln rühren und alles etwa 5 Minuten kochen. Mit Salz und Pfeffer würzen.

4 Portionen

Currypaste
2–3 frische rote Chillies
1 rote Zwiebel, gehackt
2 Knoblauchzehen, gehackt
2 Stängel Zitronengras,
  zerstoßen und fein gehackt
frische Ingwerwurzel (5 cm)
  oder Galgantwurzel,
  geschält und gehackt
25 g Mandeln oder
  Macadamianüsse,
  blanchiert und gehobelt
250 ml Wasser

1 EL Erdnussöl
500 g Schalotten, geschält
1 TL gemahlene Kurkuma
6 Kaffir-Limetten-Blätter,
  fein gehackt, oder
  abgeriebene Schale von
  3 unbehandelten Limetten
1 EL brauner Rohzucker
5 EL Kokosnussmilch
  oder -creme
Salz und schwarzer Pfeffer

Würzige Zwiebelreisnudeln mit Erdnuss-Sauce

4–6 Portionen

Sauce

2 Schalotten, gehackt

1 rote Chili,
  entkernt und gehackt

70 g trocken geröstete
  ungesalzene Erdnüsse

5 EL Kokosnussmilch oder
  -creme

250 ml Wasser

2 EL Erdnussöl

1 TL gemahlene Kurkuma

1 Stängel Zitronengras,
  zerstoßen und fein gehackt

Salz

250 g Reisnudeln

1 EL Erdnussöl

6 Frühlingszwiebeln,
  fein gehackt

125 g geschälte Garnelen

1/2 TL mildes Chilipulver

Garnelen oder Frühlingszwiebeln
  und Erdnüsse, gehackt,
  zum Garnieren

1 Kopf Eisbergsalat, klein
  geschnitten, zum Anrichten

Eine Variation eines beliebten Snacks in Singapur – auf knackigem, zerkleinertem Kopfsalat angerichtet, lässt sich das asiatische Aroma vorzüglich genießen!

Zubereitungszeit: 15 Minuten   Garzeit: 5 Minuten

1 Für die Sauce Schalotten, Chili, Erdnüsse, Kokosnussmilch und die Hälfte des Wassers in einer Küchenmaschine zu einem dicken Brei verrühren. Das Öl in einer kleinen Pfanne erhitzen, die Kurkuma und das Zitronengras zugeben und alles einige Sekunden dünsten. Den Brei und das restliche Wasser einrühren und zum Kochen bringen. Etwas Salz zugeben und das Ganze warm halten.

2 Die Nudeln in eine Schüssel geben, mit heißem Wasser übergießen und etwa 5 Minuten stehen lassen.

3 Für die Zwiebeln und Garnelen das Öl in einem Topf erhitzen. Die Frühlingszwiebeln einige Sekunden darin dünsten, dann die Garnelen und das Chilipulver hinzufügen. Alles dünsten, bis die Garnelen gar sind.

4 Die Nudeln abgießen und zu der Garnelen-Zwiebel-Mischung geben. Die Erdnusssauce hinzugeben und das Ganze vermengen. Auf klein geschnittenem Kopfsalat anrichten und nach Belieben mit Erdnüssen und Frühlingszwiebeln oder mit Garnelen garniert servieren.

Würzige Zwiebelreisnudeln mit Erdnuss-Sauce

Kartoffelpüree *mit Zwiebelhaube*

4 Portionen

1,5 kg Kartoffeln oder
  1 kg Kartoffeln und
500 g Artischocken,
  Knollensellerie oder Topi-
  nambur, alles geschält und
  in kleine Stücke geschnitten
Salz
4 EL Butter
2 große Zwiebeln,
  in Ringe geschnitten
1 TL Paprikapulver
125 ml Milch
schwarzer Pfeffer
60 g Parmesan, gerieben

Ein Speise mit Pfiff: Artischocken und Knollensellerie sorgen für eine schmackhafte Püreevariation unter der zwiebligen Haube.

Zubereitungszeit: 30 Minuten
Garzeit: 20–25 Minuten zum Backen oder 5 Minuten zum Grillen

1 Den Backofen auf 220 °C vorheizen. Die Kartoffeln und die Artischocken in einen Topf mit Salzwasser geben. Das Ganze zum Kochen bringen und zugedeckt 15 bis 20 Minuten köcheln, bis das Gemüse gar ist.
2 Inzwischen die Butter in einer Pfanne erhitzen. Die Zwiebeln dazugeben, mit Paprikapulver bestreuen und goldbraun dünsten.
3 Die Kartoffeln und die Artischocken abgießen, mit der Milch zu einem glatten Brei verarbeiten und mit Salz und Pfeffer abschmecken. Das Ganze in eine gefettete Auflaufform geben, dann die Zwiebeln und den Parmesan darauf verteilen. Im vorgeheizten Backofen 20 bis 25 Minuten braun backen oder unter dem heißen Grill schnell bräunen.

Gebratene *Zwiebeln*

Eine klassische Beilage zu gegrilltem Fleisch, schmeckt auch lecker auf belegten Broten und Hamburgern. Salaten gibt sie einen aromatischen Kick.

4 Portionen

4–5 EL Oliven-,
  Sonnenblumen- oder
  Erdnussöl
4 große Zwiebeln,
  in Ringe geschnitten
2 Lorbeerblätter
  (nach Belieben)
Salz und schwarzer Pfeffer

Zubereitungszeit: 5 Minuten   Garzeit: 10–20 Minuten

1 Das Öl in einer großen Pfanne erhitzen, die Zwiebeln und die Lorbeerblätter dazugeben und bei großer Hitze unter ständigem Rühren 1 bis 2 Minuten braten.
2 Dann das Ganze bei mittlerer Hitze 5 bis 6 Minuten oder bei geringer Hitze 15 bis 20 Minuten dünsten. Je langsamer die Zwiebeln garen, umso süßer ist ihr Geschmack und umso weicher werden sie.
3 Die Lorbeerblätter entfernen und die Zwiebeln mit Salz und Pfeffer würzen. Sofort servieren.

*Reis-Zwiebel-*Häufchen

Eher ein Serviervorschlag als ein Rezept, denn Reis-Zwiebel-Häufchen sehen als Beilage sehr appetitanregend aus. Für die Häufchen eignen sich kleine Auflauf- und Puddingformen ebenso wie altmodische Tassen und andere aparte Förmchen.

4 Portionen

250 g schnell kochender
  Langkornreis
550 ml Gemüse-
  oder Hühnerbrühe
6–8 Frühlingszwiebeln,
  fein gehackt
1–2 EL frische Petersilie,
  gehackt
Salz und schwarzer Pfeffer

Zubereitungszeit: 10 Minuten   Garzeit: 15 Minuten

1 Den Reis mit der Gemüse- oder Hühnerbrühe in einen Topf geben und das Ganze zum Kochen bringen. Umrühren, zudecken und leise 12 bis 15 Minuten köcheln, bis der Reis das Wasser aufgenommen hat.
2 4–8 Förmchen gut einfetten. Die Zwiebeln und die Petersilie mit dem Reis vermischen und alles mit Salz und Pfeffer würzen. Die Zwiebel-Reis-Mischung mit einem Löffel fest in die Förmchen drücken.
3 Die Förmchen auf vorgewärmte Teller stürzen und sofort servieren.

In Balsamessig *gegarte Zwiebeln*

4 Portionen

16–20 Silberzwiebeln
  oder Schalotten, geschält
Salz
1 roter Chili,
  entkernt und fein gehackt
2 getrocknete Tomaten,
  fein gehackt
schwarzer Pfeffer
5 EL Balsamessig
2 EL Olivenöl

Köstlich zu Nudelgerichten und eine interessante Alternative zu Salaten.

Zubereitungszeit: 10 Minuten   Garzeit: 15 Minuten

1 Den Backofen auf 190 °C vorheizen. Die Zwiebeln in einen Topf mit Salzwasser geben, das Ganze aufkochen lassen und etwa 5 Minuten köcheln. Die Zwiebeln in ein Sieb abgießen.
2 Eine kleine Auflaufform einfetten. Den Chili und die Tomaten auf dem Formboden verteilen und die Zwiebeln dazugeben. Alles mit Salz und Pfeffer würzen und mit Essig und Öl übergießen.
3 Das Ganze im vorgeheizten Backofen offen etwa 15 Minuten garen, bis die Zwiebeln weich sind. Während des Garens die Zwiebeln zweimal mit dem Sud bestreichen. Warm servieren.

Geschmorte Schalotten *mit Sauerkirschen*

4 Portionen

2 EL Erdnussöl
16 große Schalotten, geschält
2 Kaffir-Limetten-Blätter,
  fein gehackt, oder
  geriebene Schale von
  1 unbehandelten Limette
50 g Sauerkirschen
Salz und schwarzer Pfeffer
250 ml Gemüsebrühe
1 EL Zucker

Die Sauerkirschen verleihen den Zwiebeln einen Hauch von Süße.
Langsam geschmort entwickelt sich das volle Aroma.

Zubereitungszeit: 20 Minuten   Garzeit: 30 Minuten

1 Den Backofen auf 190 °C vorheizen.
2 Das Öl in einer mittelgroßen Pfanne erhitzen, die Schalotten zugeben und 10 bis 12 Minuten braun und weich dünsten. Diese Art der Zubereitung bringt deren natürliche Süße zur Geltung.
3 Die Schalotten mit einem Schaumlöffel herausnehmen und nebeneinander in einen Bräter legen. Die Kaffir-Limetten-Blätter zwischen die Schalotten stecken oder die Limettenschale darauf verteilen und die Kirschen dazugeben. Das Ganze gut mit Salz und Pfeffer würzen und mit der Gemüsebrühe begießen. Den Zucker darüber streuen.
4 Alles 25 bis 30 Minuten zugedeckt im vorgeheizten Backofen – oder bis die Schalotten weich sind – schmoren. Nochmals mit Salz und Pfeffer abschmecken. Den Sud löffelweise über die Schalotten und die Kirschen geben und das Ganze sofort servieren.

Würzig gebratene *Zwiebeln mit Reis*

Eine köstliche Beilage zu Fleischgerichten mit Sahnesaucen

oder zu kaltem gebratenem Fleisch vom Vortag.

Zubereitungszeit: 10 Minuten   Garzeit: 20 Minuten

1 Das Öl in einer großen Pfanne erhitzen, die Zwiebeln und die Gewürze dazugeben und 4 bis 5 Minuten dünsten.

2 Den Reis hinzufügen, alles gut vermengen, dann die Brühe und das Salz zugeben. Das Ganze aufkochen lassen, umrühren und zugedeckt 12 bis 15 Minuten köcheln. Vor dem Servieren abschmecken.

4 Portionen

3 EL Erdnuss-
   oder Sonnenblumenöl
2 große Zwiebeln,
   in Ringe geschnitten
1 EL Zwiebelsamen
1 große Zimtstange,
   in Stücke gebrochen
2 Sternanise
6 schwarze Pfefferkörner
2 Lorbeerblätter
200 g schnell kochender
   Langkornreis
450 ml Gemüse-
   oder Hühnerbrühe
Salz

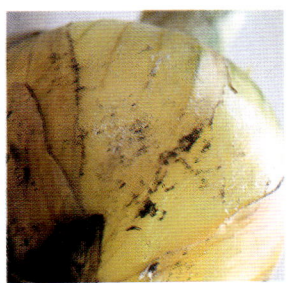

Gewürzte Thai-Zwiebeln

4 Portionen

2 EL Erdnussöl
1 EL Koriandersamen,
  leicht zerstoßen
1 Stängel Zitronengras,
  zerstoßen und fein gehackt
1 grüner und 1 roter Chili,
  entkernt und fein gehackt
2 große Zwiebeln,
  in dicke Ringe geschnitten
1 rote Zwiebel,
  in 8 Stücke geschnitten
10–12 Frühlingszwiebeln,
  in 5 cm breite Ringe und
  der Länge nach in dünne
  Streifen geschnitten
2 EL Fischsauce
Salz
Limettensaft zum Abschmecken
frischer Koriander
  und Kokosnuss, geraspelt

Diese Zwiebeln werden nur leicht gedünstet, so behalten sie ihr Aroma und ihre Farbe. Das macht sie zu einer köstlichen Beilage zu gegrilltem Fisch.

Zubereitungszeit: 10 Minuten   Garzeit: 5 Minuten

1 Das Öl in einer großen Pfanne oder einem Wok erhitzen. Die Koriandersamen, das Zitronengras und die Chilistücke zugeben und 1 bis 2 Minuten dünsten.
2 Die Zwiebeln in die Pfanne geben und das Ganze unter ständigem Rühren 2 bis 3 Minuten dünsten.
3 Die Frühlingszwiebeln hinzufügen, alles vermengen und kurz erhitzen, dann die Fischsauce einrühren. Das Ganze mit Salz und Limettensaft abschmecken.
4 Die Zwiebeln mit frischem Koriander und Kokosnuss garnieren. Sofort mit gebratenem oder gegrilltem Fisch servieren.

Bohnenpüree *mit Zwiebeln*

4–6 Portionen

150 g getrocknete Limabohnen
150 g getrocknete
  Cannellini-Bohnen
2 große Zwiebeln,
  in dünne Ringe geschnitten
2 EL Olivenöl
1–2 EL frischer Rosmarin,
  gehackt
Salz und schwarzer Pfeffer

Püree einmal nicht aus Kartoffeln. Das Bohnenpüree passt hervorragend zu gebratenem Lamm.

Zubereitungszeit: 10 Minuten, 8 Stunden zum Einweichen
Garzeit: 1 Stunde 15 Minuten

1 Die Bohnen in einer Schüssel mit Wasser 8 Stunden oder über Nacht einweichen. Abgießen, unter fließend kaltem Wasser gründlich abspülen und gut abtropfen lassen.
2 Die Bohnen und die Hälfte der Zwiebeln in einen Topf mit Salzwasser geben, das Ganze zum Kochen bringen und zugedeckt etwa 1 Stunde – oder bis die Bohnen weich sind – köcheln.
3 Das Öl in einer Pfanne erhitzen. Die restlichen Zwiebeln mit dem Rosmarin dazugeben und goldbraun dünsten.
4 Die Bohnen und die Zwiebeln abgießen, für ein etwas gröberes Püree nur leicht zerdrücken und mit den gedünsteten Zwiebeln vermischen. Vor dem Servieren gut mit Salz und Pfeffer würzen.

Glasierte Zwiebeln

Ein köstlicher Zwiebel-Antipasto und eine vorzügliche Abwechslung zu
Gemüse in Öl. Die Zwiebeln passen auch sehr gut zu kaltem Braten.

Zubereitungszeit: 10 Minuten   Garzeit: 30 Minuten

1 Den Backofen auf 220 °C vorheizen.
2 Die Zwiebeln schälen – dabei die Wurzeln ganz belassen – und halbieren.
Die Wurzeln halten die Zwiebeln während des Kochens zusammen.
3 Die Zwiebeln mit der Schnittfläche nach unten in eine kleine Auflaufform legen,
mit Salz und Pfeffer bestreuen und mit den restlichen Zutaten beträufeln. Das Ganze
im vorgeheizten Backofen 25 bis 30 Minuten braten, dabei die Zwiebeln gelegentlich
mit dem Sud bestreichen.
4 Heiß oder kalt servieren.

4 Portionen

4 süße weiße Zwiebeln,
z. B. Vidalia
Salz und schwarzer Pfeffer
3 EL Orangensaft
1 EL Balsamessig
2 EL Olivenöl

Gebackene Schalotten *mit Knoblauchbröseln*

4 Portionen

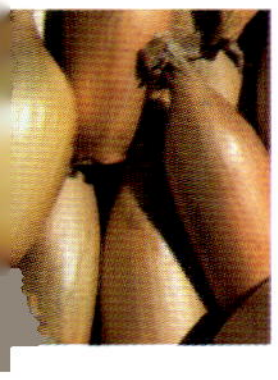

2 EL Olivenöl
500 g Schalotten, geschält
Salz
1 Prise Paprikapulver
1 Prise gemahlener Macis
150 ml Gemüsebrühe
4 EL Butter
90 g Semmelbrösel
1 Knoblauchzehe, fein gehackt
schwarzer Pfeffer

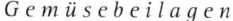

*Die Semmelbrösel mit feinem Knoblaucharoma runden
dieses einfache Gericht vorzüglich ab.*

Zubereitungszeit: 20 Minuten   Garzeit: 35–40 Minuten

1 Den Backofen auf 190 °C vorheizen. Das Öl in einem Bräter erhitzen, die Schalotten
zugeben und rundum braun anbraten.
2 Die Schalotten mit dem Salz, dem Paprikapulver und dem gemahlenen Macis
würzen und die Brühe hinzugießen. Das Ganze aufkochen lassen, dann im vorgeheizten
Backofen zugedeckt etwa 20 Minuten schmoren, bis die Schalotten weich sind.
3 Den Bräter auf den Herd stellen, den Deckel abnehmen und den Sud einkochen
lassen.
4 Die Butter in einer Pfanne zerlassen, die Semmelbrösel und den Knoblauch zugeben
und alles gut vermengen. Das Ganze mit Salz, Pfeffer und Paprikapulver würzen. Die
Semmelbrösel löffelweise auf den Schalotten verteilen und alles im Backofen 10 bis
15 Minuten bräunen. Heiß servieren.

Kartoffelpüree *mit Frühlingszwiebeln*

Ein traditionelles irisches Gericht.

Eigentlich eine schmackhafte Hauptspeise, wird es jedoch meist als Beilage serviert.

Zubereitungszeit: 10 Minuten   Garzeit: 25 Minuten

1 Die Kartoffeln in einem Topf mit Salzwasser zum Kochen bringen und zugedeckt 15 bis 20 Minuten köcheln, bis die Kartoffeln weich sind.

2 Inzwischen die Frühlingszwiebeln mit der Milch in einen Topf geben, alles aufkochen lassen und 2 bis 3 Minuten leise köcheln.

3 Die Kartoffeln abgießen, wieder in den Topf geben und bei geringer Hitze etwa 1 Minute stehen lassen, damit das restliche Wasser verdampfen kann.

4 Die Milch und die Zwiebeln zu den Kartoffeln geben und alles zu einem weichen, lockeren Brei stampfen. Das Püree reichlich mit Salz und Pfeffer würzen und in eine große Schüssel geben. In die Mitte eine kleine Mulde drücken und vor dem Servieren die Butter hinzufügen.

4 Portionen

800 g Kartoffeln,
   in kleine Stücke geschnitten
Salz
8–10 Frühlingszwiebeln,
   in dünne Ringe geschnitten
150 ml Milch
Salz und schwarzer Pfeffer
125 g Butter

Zwiebel-Kartoffel-Speck-Rösti

4–6 Portionen

800 g Kartoffeln
Salz
6 Scheiben Speck
1 große rote Zwiebel
schwarzer Pfeffer
frisch geriebene Muskatnuss
2 EL Butter
2 EL Sonnenblumenöl

Rösti, die immer gelingen. Der Trick bei deren Zubereitung ist,
die halbgaren Kartoffeln vor dem Reiben zu kühlen.

Zubereitungszeit: 30 Minuten, 1–2 Stunden zum Kühlen   **Garzeit: 10 Minuten**

1 Die Kartoffeln ungeschält in einen Topf mit Salzwasser geben, das Ganze zum Kochen bringen und etwa 15 Minuten köcheln. Die Kartoffeln abgießen und unter fließend kaltem Wasser abspülen. 1 bis 2 Stunden im Kühlschrank stehen lassen.
2 Den Frühstücksspeck in einer Küchenmaschine zerkleinern. Eine große beschichtete Pfanne erhitzen und den Speck darin gut bräunen.
3 Inzwischen die Zwiebel zerkleinern. Dann die Kartoffeln pellen und zur Zwiebel reiben. Die Mischung in eine Schüssel geben und mit dem Speck und den Gewürzen vermengen. Aus der Masse 8 Klöße formen und flach drücken.
4 Die Butter mit dem Öl in der Pfanne erhitzen. Die Klöße dazugeben, gut andrücken und bei mittlerer Hitze auf jeder Seite 3 bis 4 Minuten braten. Beim Wenden die Rösti wiederum gut andrücken. Gegebenenfalls die Rösti in 2 Portionen braten und heiß servieren.

Brot und Gebäck

Ausprobieren lohnt sich: Brot und Gebäck im harmonischen
Zusammenklang mit Zwiebeln. Ob frisch gehackt oder als fertige
Suppenmischung zubereitet – mit Zwiebeln Gebackenes
begeistert nicht nur die Freunde der aromatischen Knollen!

Pissaladiera

6–8 Portionen

5 EL Olivenöl

550 g Zwiebeln, in Ringe
  geschnitten

4–5 große Thymianzweige

Salz und schwarzer Pfeffer

2 Lorbeerblätter

225 g Mehl

1/2 TL Salz

1 TL Trockenhefe

60 g Anchovisfilets

8–10 schwarze oder grüne
  Oliven, entsteint und halbiert

*Eine richtige Zwiebelpizza! Als Hauptgericht eine herzhafte Gaumenfreude,
anstelle von Kartoffeln eine schmackhafte Beilage zu Rinderbraten
und Gemüse. Werden die Zwiebeln zuerst gedünstet, kann deren Sud für
den Teig verwendet werden – ein Aufwand, der sich lohnt.*

Zubereitungszeit: 3 Stunden 30 Minuten   Garzeit: 25–30 Minuten

1 3 Esslöffel Öl in einer großen Pfanne erhitzen und die Zwiebeln darin bei großer
Hitze 4 bis 5 Minuten dünsten. Thymian, reichlich Salz und Pfeffer und die Lorbeerblätter dazugeben; das Ganze zugedeckt etwa 2 Stunden schmoren.
2 Die Zwiebeln, den Thymian und die Lorbeerblätter abgießen, abtropfen lassen und
den Sud auffangen.
3 Das Mehl, das Salz und die Hefe in einer Schüssel vermengen, das restliche Olivenöl
und den Zwiebelsud – etwa 150 ml – hinzufügen. Alles gut verrühren und auf einer
bemehlten Arbeitsfläche zu einem geschmeidigen Teig verkneten.
4 Ein Backblech (40 × 25 cm) dünn mit Öl bestreichen und den Teig darauf ausrollen.
Den Teig mit einem feuchten Tuch oder mit Frischhaltefolie abdecken und an einem
warmen Ort etwa 1 Stunde bis fast auf die doppelte Größe gehen lassen.
5 Den Backofen auf 220 °C vorheizen. Die Lorbeerblätter und den Thymian entfernen
und die Zwiebeln auf dem Teig verteilen. Die Anchovisfilets und die Oliven darauf-
geben und alles mit dem Öl der Anchovis beträufeln.
6 Die Pissaladiera im vorgeheizten Backofen 25 bis 30 Minuten backen, bis der Teig
und die Zwiebeln gebräunt sind. Warm, in Stücke geschnitten, servieren.

Pissaladiera

Herzhaftes *Bauernbrot*

Ergibt 1 großen Laib

225 g Weizenmehl

225 g Vollkornmehl

1/2 TL Salz

1 TL Trockenhefe

25 g Zwiebelsuppenmischung
(Fertigprodukt)

2 EL Olivenöl

125 g Cheddar, gerieben

150 ml Bier

150 ml lauwarmes Wasser

1 EL gehackte Zwiebel

*Eine traditionelle Zusammenstellung: Brot, Käse, Zwiebel und Bier –
alles in einem Brot! An sich schon ein Gericht, doch dick mit Butter
bestrichen eine Köstlichkeit zu Krautsalat oder grünem Salat.*

Zubereitungszeit: 1 Stunde 30 Minuten   Garzeit: 40 Minuten

1 Die beiden Mehlsorten, das Salz und die Hefe in einer großen Schüssel vermengen,
dann die Suppenmischung, das Olivenöl und den größten Teil des Käses unterrühren.
In der Mitte eine Mulde in die Mischung drücken, das Bier und nach und nach das
Wasser hineingießen. Das Ganze zu einem glatten Teig verrühren.

2 Den Teig auf einer bemehlten Arbeitsfläche etwa 10 Minuten geschmeidig kneten,
zu einem länglichen Laib formen und in eine gefettete Kastenform geben. Mit einem
feuchten Tuch oder mit Frischhaltefolie bedecken und an einem warmen Ort etwa
1 1/4 Stunden bis auf die doppelte Größe gehen lassen.

3 Den Backofen auf 220 °C vorheizen. Den restlichen Käse mit der gehackten Zwiebel
vermischen und alles auf dem Teige verteilen. Das Ganze im vorgeheizten Backofen
35 bis 40 Minuten backen. Dann den Brotlaib aus der Form stürzen und gegebenenfalls
noch etwa 5 Minuten backen, damit die Kruste knusprig wird. Klingt das Brot beim
Klopfen an die Unterseite hohl, ist es gar.

4 Das Brot auf einem Kuchengitter abkühlen lassen. Aufgeschnitten mit Käse und Salat
servieren.

Brötchen mit *Ziegenkäse und Zimtzwiebeln*

*Brötchen mit einem ganz ungewöhnlichen Geschmack,
die zu einer Suppe gereicht werden können.*

Zubereitungszeit: 1 Stunde 45 Minuten   Garzeit: 30 Minuten

1 2 Esslöffel Öl in einer großen Pfanne erhitzen und die Zwiebeln mit dem Zimt
10 bis 15 Minuten darin dünsten, bis die Zwiebeln weich und leicht gebräunt sind.
Alles mit Salz und Pfeffer würzen und abkühlen lassen.
2 Das Mehl mit dem Salz und der Hefe in einer großen Schüssel vermengen, das
restliche Öl und nach und nach das Wasser hinzufügen. Das Ganze zu einem glatten
Teig verrühren. Nur so viel Wasser wie nötig zugeben.
3 Den Teig auf einer leicht bemehlten Arbeitsfläche etwa 10 Minuten geschmeidig
kneten, dann in 8 Portionen teilen.
4 Den Ziegenkäse mit den abgekühlten Zwiebeln vermischen.
5 Aus den Teigportionen runde, flache Plätzchen formen und die Zwiebel-Käse-
Mischung darauf verteilen. Die Ränder mit Wasser befeuchten und den Teig über der
Füllung zusammenschlagen. Die Teigtaschen wenden und behutsam zu Kugeln von
7,5 cm Durchmesser formen. Die Brötchen auf ein gefettetes Backblech geben, mit
einem feuchten Tuch oder mit Frischhaltefolie bedecken und an einem warmen Ort
etwa 1 1/4 Stunden bis auf die doppelte Größe gehen lassen.
6 Den Backofen auf 180 °C vorheizen. Die Brötchen etwa 30 Minuten goldbraun backen.

Ergibt 8 große Brötchen

5 EL Olivenöl
2 große Zwiebeln, in dünne
  Ringe geschnitten
1/2 TL gemahlener Zimt
Salz und schwarzer Pfeffer
500 g Weizenmehl
1 TL Salz
2 TL Trockenhefe
250 ml lauwarmes Wasser
225 g weicher Ziegenkäse,
  zerkrümelt

Zwiebel–*Pekannuss-Brot*

Ergibt 1 großen Laib

225 g Weizenmehl
225 g Vollkornmehl
1 TL Salz
1 TL Trockenhefe
125 g Pekannüsse, fein gehackt
1 mittelgroße Zwiebel, geraspelt
1 EL Honig
2 EL Olivenöl
250 ml lauwarme Milch
  oder Milch und Wasser,
  zu gleichen Teilen gemischt

Ein leichtes Brot ganz nach französischer Art.

Sein Geheimnis: Der Teig geht zweimal.

Zubereitungszeit: 2 Stunden   Garzeit: 30 Minuten

1 Die beiden Mehlsorten mit dem Salz und der Hefe in einer großen Schüssel vermengen, dann die Pekannüsse und die geraspelte Zwiebel zufügen.
2 Den Honig mit dem Öl verrühren und das Ganze zum Mehl geben. Nach und nach die Milch dazugießen und alles zu einem glatten Teig verrühren. Den Teig auf einer bemehlten Arbeitsfläche kräftig durchkneten, bis er geschmeidig ist, und wieder in die Schüssel geben. Mit einem feuchten Tuch oder mit Frischhaltefolie bedecken und an einem warmen Ort etwa 1 Stunde bis auf die doppelte Größe gehen lassen.
3 Den Teig noch einmal leicht durchkneten. Einen rundlichen Laib formen und auf ein gefettetes Backblech legen. Abdecken und wiederum etwa 30 Minuten gehen lassen.
4 Den Backofen auf 220 °C vorheizen. Den Laib mit etwas Mehl bestäuben und im vorgeheizten Backofen etwa 30 Minuten backen. Klingt das Brot beim Klopfen an die Unterseite hohl, ist es gar. Auf einem Kuchengitter abkühlen lassen.

Schottische *Zwiebelbrötchen*

Diese hausgemachten Milchbrötchen haben eine wunderbar
weiche Kruste. Perfekt für Hamburger oder für Salate.

Zubereitungszeit: 1 Stunde 15 Minuten   Garzeit: 15–20 Minuten

1 Das Mehl, das Salz und die Hefe in einer großen Schüssel vermengen, dann das Schweineschmalz und die Zwiebeln hinzufügen. Das Ganze mit Milch und Wasser zu einem glatten Teig verrühren. Nur so viel Flüssigkeit wie nötig dazugeben.
2 Den Teig auf einer leicht bemehlten Arbeitsfläche etwa 10 Minuten geschmeidig kneten. In 8 Portionen teilen, diese zu etwa 1 cm dicken Brötchen formen und auf bemehltes Backpapier setzen.
3 Die Brötchen mit einem feuchten Tuch oder mit Frischhaltefolie bedecken und an einem warmen Ort etwa 1 Stunde bis auf die doppelte Größe gehen lassen.
4 Den Backofen auf 200 °C vorheizen. Die Brötchen mit etwas Mehl bestäuben und im Backofen 15 bis 20 Minuten leicht goldgelb backen. Auf einem Kuchengitter abkühlen lassen.

Ergibt 8 Brötchen

500 g Weizenmehl
1 TL Salz
1 TL Trockenhefe
2 EL Schweineschmalz
1 mittelgroße Zwiebel,
  sehr fein gehackt
2 Frühlingszwiebeln,
  sehr fein gehackt
250 ml lauwarme Milch und
  Wasser, zu gleichen Teilen
  gemischt
Mehl zum Bestäuben

Brötchen *mit Zwiebelsamen*

Diese aromatischen, knusprigen Brötchen schmecken
großartig zu Käse, kaltem Fleisch und Pickles.

Zubereitungszeit: 1 Stunde 20 Minuten   Garzeit: 25 Minuten

1 Das Mehl, das Salz und die Hefe in einer großen Schüssel vermengen, dann die Zwiebelsuppenmischung und die Zwiebelsamen unterrühren. In der Mitte eine Mulde in die Mischung drücken, das Öl und ausreichend Wasser hineingießen und das Ganze zu einem glatten Teig verrühren.
2 Den Teig auf einer bemehlten Arbeitsfläche etwa 10 Minuten kräftig durchkneten, bis er geschmeidig ist. In 12 Portionen teilen, diese zu Brötchen formen und auf bemehltes Backpapier setzen. Die Brötchen mit einem feuchten Tuch oder mit Frischhaltefolie bedecken und an einem warmen Ort etwa 1 Stunde bis auf die doppelte Größe gehen lassen.
3 Den Backofen auf 220 °C vorheizen. Die Brötchen mit Mehl bestäuben und im Backofen 20 bis 25 Minuten leicht goldgelb backen. Auf einem Kuchengitter abkühlen lassen.

Ergibt 12 Brötchen

500 g Weizenmehl
1 TL Salz
1 TL Trockenhefe
25 g Zwiebelsuppenmischung
  (Fertigprodukt)
1 EL schwarze Zwiebelsamen,
  leicht zerstoßen
3 EL Olivenöl
250 ml lauwarmes Wasser
Mehl zum Bestäuben

Zwiebel-Thymian-Brot

Ergibt 1 großer Laib

2 rote Zwiebeln, geschält
  und halbiert
150 ml Olivenöl
Salz und schwarzer Pfeffer
500 g Weizenmehl
2 TL Trockenhefe
250 ml lauwarmes Wasser
1 EL Salz
2 EL frischer Thymian
Olivenöl zum Beträufeln
grobes Meersalz

Lässt man den Hefeteig vor der Weiterverarbeitung etwa 1 Stunde gehen, entwickelt er den leicht säuerlichen, authentisch italienischen Geschmack.

Zubereitungszeit: 3 Stunden   Garzeit: 40 Minuten

1 Den Backofen auf 220 °C vorheizen. Die Zwiebeln in eine Auflaufform geben, mit 1 Teelöffel Öl beträufeln und mit Salz und Pfeffer würzen. Im vorgeheizten Backofen etwa 45 Minuten garen, abkühlen lassen und fein hacken.

2 Inzwischen 5 Esslöffel Mehl in eine große Schüssel geben, mit der Hefe und der Hälfte des Wassers vermengen – es muss kein glatter Teig entstehen. Den Teig mit einem feuchten Tuch oder mit Frischhaltefolie bedecken und an einem warmen Ort etwa 1 Stunde gehen lassen.

3 Das restliche Öl, das Salz und den Thymian in den Teig rühren, dann die gehackten Zwiebeln und das übrige Mehl hinzufügen. Nach und nach das Wasser dazugießen und das Ganze zu einem glatten Teig verrühren.

4 Den Teig auf einer leicht bemehlten Arbeitsfläche etwa 10 Minuten kräftig durchkneten, bis er geschmeidig ist.

5 Den Teig zu einem länglichen Laib formen und in eine gefettete Kastenform (27,5 × 17,5 cm) geben. Mit einem feuchten Tuch oder mit Frischhaltefolie bedecken und an einem warmen Ort etwa 1 1/2 Stunden bis auf die doppelte Größe gehen lassen.

6 Den Backofen wieder auf 220 °C aufheizen. Die Oberfläche des Laibs mehrmals mit einem scharfen Messer einschneiden, mit etwas Öl beträufeln und mit grobem Salz bestreuen.

7 Den Laib im vorgeheizten Backofen 35 bis 40 Minuten goldbraun backen. Das fertige Brot sollte sich leicht aus der Form lösen lassen und am Boden gut gebräunt sein. Klingt das Brot beim Klopfen an die Unterseite hohl, ist es gar. Auf einem Kuchengitter abkühlen lassen.

Zwiebel-Rosmarin-Focaccia

Klassisches italienisches Fladenbrot – hier mit Olivenöl,
in Ringe geschnittenen Zwiebeln und frischem Rosmarin.

Ergibt 1 großen Laib

500 g Weizenmehl
1 TL Salz
1 TL Trockenhefe
6 EL Olivenöl
250 ml lauwarmes Wasser
2 große Zwiebeln, in dünne
  Ringe geschnitten
1–2 EL frischer Rosmarin,
  gehackt
grobes Meersalz

Zubereitungszeit: 1 Stunde 45 Minuten   Garzeit: 30 Minuten

1 Das Mehl mit dem Salz und der Hefe in einer großen Schüssel vermengen. In der Mitte eine Mulde in die Mischung drücken, das Öl und ausreichend Wasser hineingießen und das Ganze zu einem glatten Teig verarbeiten.

2 Den Teig auf einer bemehlten Arbeitsfläche etwa 10 Minuten kräftig durchkneten. Ein Backblech (40 × 25 cm) mit Öl bestreichen und den Teig darauf ausrollen. Mit einem feuchten Tuch oder mit Frischhaltefolie bedecken und an einem warmen Ort etwa 1 1/2 Stunden bis fast auf die doppelte Größe gehen lassen.

3 Inzwischen die Zwiebelringe in kaltem Wasser einweichen, bis sie gut durchgeweicht sind.

4 Den Backofen auf 220 °C vorheizen. Die Zwiebelringe abgießen, auf dem Teig verteilen und mit Rosmarin und Salz bestreuen.

5 Das Ganze im vorgeheizten Backofen 25 bis 30 Minuten backen, bis der Teig goldbraun ist und die Zwiebeln weich sind. Auf einem Kuchengitter abkühlen lassen.

Maisbrot mit Spinat *und Zwiebeln*

Ergibt 1 großen Laib

125 g feines gelbes Maismehl

140 g Weizenmehl

2 TL Backpulver

1 Prise Salz

2 rote Zwiebeln,
  sehr fein gehackt

125 g Spinat, sehr fein gehackt

schwarzer Pfeffer

2 große Eier, in Eiweiß
  und Eigelb getrennt

150 ml Milch

150 g Crème fraîche

Ein äußerst vielseitiges, nicht zu süßes Maisbrot. Schnell gefertigt und gebacken kann es warm anstelle von Kartoffeln oder Reis oder kalt mit Käse und kaltem Fleisch serviert werden.

Zubereitungszeit: 25 Minuten   Garzeit: 50 Minuten

1 Den Backofen auf 190 °C vorheizen und eine Kuchenform (20 bis 23 cm hoch) einfetten.

2 Die beiden Mehlsorten, das Backpulver und das Salz vermengen, dann die Zwiebeln, den Spinat und reichlich schwarzen Pfeffer unterrühren.

3 Die Eigelbe mit der Milch und der Crème fraîche kräftig vermischen, das Ganze zur Zwiebel-Spinat-Mischung geben und alles kräftig durchrühren. Die Eiweiße steif schlagen und unterheben.

4 Den Teig in die Form geben und im vorgeheizten Backofen etwa 45 Minuten braun backen.

5 Das Brot in der Form etwa 10 Minuten abkühlen lassen. Kalt mit Käse oder warm mit Gebratenem servieren.

Zwiebel-Tomaten-*Brot*

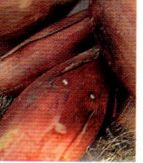

Ergibt 1 Laib

225 g feines Vollkornmehl

1 TL Backpulver

1/2 TL Salz

2 EL frische Petersilie, gehackt

1 rote Zwiebel, geraspelt

2 Tomaten, gehäutet,
  entkernt und gehackt

2 getrocknete Tomaten,
  fein gehackt

2 EL Olivenöl

1 großes Ei, verquirlt

125 ml Milch

Eine Art Milchbrot und dennoch eine köstliche Beigabe zu einer Suppe oder einem Wintersalat.

Zubereitungszeit: 15 Minuten   Garzeit: 40 Minuten

1 Den Backofen auf 190 °C vorheizen und eine Kastenform (für etwa 900 g) leicht einfetten.

2 Die trockenen Zutaten mit der Petersilie vermischen, dann die Zwiebel und die Tomaten hinzufügen. Das Öl, das Ei und ausreichend Milch unterrühren. Der Teig sollte weich, aber nicht feucht sein.

3 Die Mischung behutsam in die Kastenform pressen und im vorgeheizten Backofen etwa 40 Minuten goldbraun backen.

4 Das Brot auf ein Kuchengitter stürzen und abkühlen lassen.

Frühlingszwiebeln–*Natron-Brot*

Ein köstliches Brot zu den verschiedensten
Käsesorten für ein ungezwungenes Abendessen.

Zubereitungszeit: 15 Minuten   Garzeit: 30 Minuten

1 Den Backofen auf 220 °C vorheizen und ein Backblech leicht einfetten.
2 Die beiden Mehlsorten in einer großen Schüssel mit dem Salz und dem Natron
vermengen und alles mit der Butter verrühren, bis grobe Streusel entstehen. Die
Frühlingszwiebeln und die Buttermilch oder die Joghurtmischung unterrühren.
3 Das Ganze zügig zu einem glatten Teig vermischen, dabei mit einem Teigschaber
rasch arbeiten. Aufgepasst: Ein Teig mit Natron sollte auf keinen Fall zu kräftig gerührt
werden. Gegebenenfalls etwas Milch zugeben.
4 Den Teig auf einer bemehlten Arbeitsfläche leicht verkneten und zu einem großen
runden, etwa 4 cm hohen Laib formen. Auf das Backblech geben und im vorgeheizten
Backofen etwa 30 Minuten braun backen. Auf einem Kuchengitter abkühlen lassen.

Ergibt 1 großen Laib

350 g Vollkornmehl
125 g Mehl
1 TL Salz
1 TL Natron
4 EL Butter
6 Frühlingszwiebeln,
   fein gehackt
250 ml Buttermilch oder
   Milch und Naturjoghurt,
   gemischt

Zwiebelsamen-*Focaccia*

Ergibt 1 Laib

500 g Weizenmehl
1 TL Salz
5 EL Zwiebelsamen
1 TL Trockenhefe
2 rote Zwiebeln, geraspelt
  oder sehr fein gehackt
3 EL Olivenöl
250 ml lauwarmes Wasser
Olivenöl zum Bestreichen

Dieses kernig weiche Fladenbrot mit Olivenöl und einem Hauch von Zwiebel verbreitet mediterranes Flair.

Zubereitungszeit: 1 Stunde 45 Minuten   Garzeit: 30 – 35 Minuten

1 Mehl, Salz, Zwiebelsamen und Hefe in einer großen Schüssel vermengen, dann die Zwiebeln unterrühren. In der Mitte eine Mulde in die Mischung drücken und das Öl und den größten Teil des Wassers hineingießen. Das Ganze zu einem glatten Teig verarbeiten, gegebenenfalls noch etwas Wasser hinzufügen.
2 Den Teig auf einer leicht bemehlten Arbeitsfläche kräftig durchkneten, bis er geschmeidig ist. In eine gefettete Kastenform (30 × 20 cm) geben, mit einem feuchten Tuch oder mit Frischhaltefolie abdecken und an einem warmen Ort etwa 1 1/2 Stunden bis fast auf die doppelte Größe gehen lassen.
3 Den Backofen auf 220 °C vorheizen. Die Teigoberfläche mit Öl bestreichen und den Laib im Backofen 30 bis 35 Minuten goldbraun backen. Klingt das Brot beim Klopfen an die Unterseite hohl, ist es gar. Auf einem Kuchengitter abkühlen lassen, dann in Rechtecke schneiden.

Zwiebelsamen-Focaccia

Zwiebel-Pesto-*Brot*

Ergibt 1 Laib

1 große rote Zwiebel, in dünne
  Ringe geschnitten
280 g Weizenmehl
1/2 TL Salz
1 TL Trockenhefe
1 EL Olivenöl
175 ml lauwarmes Wasser
3 EL rotes oder grünes
  Basilikumpesto

*Der Teig wird mit rotem oder grünem Pesto bestrichen
und mit Zwiebeln belegt, dann eingerollt und gebacken.*

Zubereitungszeit: 1 Stunde 30 Minuten   Garzeit: 30 Minuten

1 Die Zwiebelringe in kaltem Wasser einweichen, bis sie gut durchgeweicht sind.
2 Das Mehl, das Salz und die Hefe in einer Schüssel vermengen und alles mit dem Öl und ausreichend Wasser zu einem festen, glatten Teig verrühren. Diesen auf einer bemehlten Arbeitsfläche kräftig durchkneten, bis er geschmeidig ist. Behutsam in eine rechteckige Form (etwa 25 x 20 cm) bringen, dann mit dem Pesto bestreichen.
3 Die Zwiebeln abtropfen lassen, trockenschütteln und auf dem Pesto verteilen.
Den Teig von der Längsseite einrollen, die Teigkante befeuchten und fest andrücken.
Den Laib mit der Kante nach unten auf ein gefettetes Backblech legen. Mit einem feuchten Tuch bedecken und an einem warmen Ort etwa 1 Stunde bis auf die doppelte Größe gehen lassen.
4 Den Backofen auf 200 °C vorheizen. Den Teig diagonal sechs- bis achtmal leicht einschneiden, dann im Backofen etwa 30 Minuten goldbraun backen. Auf einem Kuchengitter abkühlen lassen.

Käse-Zwiebel-Malz-*Brötchen*

Ergibt 12 Brötchen

350 g Malzmehl
225 g Weizenmehl
1 TL Salz
2 TL Trockenhefe
2 rote Zwiebeln, geraspelt
3 EL Olivenöl
250 ml lauwarme Milch
150 ml lauwarmes Wasser
125 g Cheddar, gerieben

*Malzmehl im Teig gibt einen köstlichen nussigen Geschmack.
Als Extras werden einige Zwiebeln und Käse zugegeben.*

Zubereitungszeit: 1 Stunde 30 Minuten   Garzeit: 20–25 Minuten

1 Die beiden Mehlsorten, das Salz und die Hefe in einer großen Schüssel vermengen, dann die geraspelten Zwiebeln unterrühren. In der Mitte eine Mulde in die Mischung drücken und das Öl, die Milch und ausreichend Wasser hineingießen. Das Ganze zu einem glatten Teig verarbeiten.
2 Den Teig auf einer leicht bemehlten Arbeitsfläche kräftig durchkneten, bis er geschmeidig ist. In 12 Portionen teilen, diese zu Brötchen formen und dicht nebeneinander auf ein gefettetes Backblech setzen. Alles mit einem feuchten Tuch oder mit Frischhaltefolie bedecken und an einem warmen Ort etwa 1 Stunde bis auf die doppelte Größe gehen lassen.
3 Den Backofen auf 220 °C vorheizen. Die Brötchen mit Käse bestreuen und im vorgeheizten Backofen etwa 20 Minuten goldbraun und knusprig backen. Auf einem Kuchengitter abkühlen lassen.

Roggenbrot mit Buttermilch *und Zwiebeln*

Ein köstlich herber Geschmack zeichnet dieses feste Brot aus.
Da es kein Weißmehl enthält, geht es nicht so stark auf wie andere Brote.

Ergibt 2 Laibe

500 g helles Roggenmehl, gesiebt
225 g Vollkornmehl
1 TL Salz
1 TL geriebene Muskatnuss
11/2 TL Trockenhefe
1 große Zwiebel, geraspelt
3 EL Olivenöl
300 ml Buttermilch
Milch zum Bestreichen
Roggenmehl und Zwiebelsamen zum Bestreuen

Zubereitungszeit: 2 Stunden   **Garzeit: 40 Minuten**

1 Die beiden Mehlsorten, Salz, Muskatnuss und Hefe in einer großen Schüssel vermengen und dann die Zwiebel unterrühren. In der Mitte eine Mulde in die Mischung drücken und das Öl und die Buttermilch hineingießen. Das Ganze zu einem glatten Teig verarbeiten, gegebenenfalls noch etwas Milch oder Wasser zugeben.

2 Den Teig auf einer leicht bemehlten Arbeitsfläche etwa 10 Minuten kräftig durchkneten – er wird weich, aber nicht sehr geschmeidig. In 2 Portionen teilen und 2 runde Laibe von etwa 20 cm Durchmesser formen. Die Laibe nebeneinander auf ein gefettetes Backblech setzen und mit einem feuchten Tuch oder mit Frischhaltefolie bedeckt etwa 1 Stunde bis auf die doppelte Größe gehen lassen.

3 Den Backofen auf 220 °C vorheizen. Die Teigoberflächen je achtmal leicht einschneiden, mit Milch bestreichen und dann mit Mehl und Zwiebelsamen bestreuen. Im Backofen 30 bis 35 Minuten backen. Klingt das Brot beim Klopfen an die Unterseite hohl, ist es gar. Auf einem Kuchengitter abkühlen lassen.

Zwiebelbretzeln

Ergibt 18 Bretzeln

1 EL Butter
250 ml Milch
100 ml Wasser
500 g Weizenmehl
1 TL Salz
1 TL Trockenhefe
1 TL Zwiebelsamen
1 Ei, verquirlt
grobes Salz und Zwiebelsamen
  zum Bestreuen

Es macht richtig Freude, dieses Formgebäck zuzubereiten –

auch Kinder helfen gerne mit.

Zubereitungszeit: 2 Stunden   Garzeit: 20 Minuten

1 Die Butter, die Milch und das Wasser in einem Topf erwärmen, bis die Butter geschmolzen ist.

2 Mehl, Salz, Hefe und Zwiebelsamen in einer großen Schüssel vermengen und alles mit der Milchmischung zu einem leicht klebrigen Teig verrühren. Dann den Teig kräftig in der Schüssel kneten, bis er sich von der Schüsselwand löst. Mit einem feuchten Tuch oder mit Frischhaltefolie bedecken und etwa 1 Stunde an einem warmen Ort bis auf die doppelte Größe gehen lassen.

3 Den Backofen auf 240 °C vorheizen. Den Teig auf einer leicht bemehlten Arbeitsfläche behutsam durchkneten und in 18 Portionen teilen; diese in bleistiftdicke Rollen von etwa 30 cm Länge formen und in die traditionelle Bretzelform legen. Die Bretzeln auf ein gefettetes Backblech legen und etwa 10 Minuten gehen lassen.

4 Die Bretzeln mit Ei bestreichen und mit grobem Salz und Zwiebelsamen bestreuen. Das Backblech in den vorgeheizten Backofen schieben, sofort die Temperatur auf 200 °C reduzieren und die Bretzeln etwa 20 Minuten goldbraun backen. Auf einem Kuchengitter abkühlen lassen.

Register

Nützliche Hinweise

Abkürzungen

TL	Teelöffel
EL	Esslöffel
Msp.	Messerspitze
g	Gramm
kg	Kilogramm
ml	Milliliter
l	Liter
cm	Zentimeter
ca.	zirka
°C	Grad Celsius
Ø	Durchmesser
Std.	Stunde(n)
Min.	Minuten

Temperaturen

Die Backofentemperaturen beziehen sich auf den Elektroherd mit Ober- und Unterhitze. Wenn Sie mit Umluft arbeiten, reduzieren Sie die Temperatur um 15–20%. Die Backzeit bleibt gleich. Die Umrechnung von °C-Angaben auf Temperaturstufen bei Gasherden entnehmen Sie bitte der Beschreibung des Geräteherstellers.